Las recetas de mamá

Las recetas de mamá

Ana Mª Prieto y Francisco de Juan

Plataforma Editorial
Barcelona

Tercera edición: julio de 2012

© Ana Mª Prieto y Francisco de Juan, 2010
© de la presente edición, Plataforma Editorial, 2010
© de la presente edición, Big Rights S.L., 2010

Plataforma Editorial
c/ Muntaner, 231, 4-1B – 08021 Barcelona
Tel.: (+34) 93 494 79 99 – Fax: (+34) 93 419 23 14
www.plataformaeditorial.com
info@plataformaeditorial.com

Depósito legal: B-43.205-2010
ISBN: 978-84-15115-05-2
Printed in Spain – Impreso en España

Diseño de cubierta:
Marisa Vadillo

Fotocomposición:
Grafime. Mallorca, 1 – 08014 Barcelona
www.grafime.com

Impresión:
Reinbook Imprès, S.L.
Sant Boi de Llobregat (Barcelona)

*Para Paco, que siempre me ha apoyado,
para Tomás, al que le gusta casi todo lo que va en este libro,
y para Rafa, que tanto disfruta en la cocina.*

Introducción

Arroces, pastas y legumbres

Aperitivos

Carnes

Pescados y mariscos

Introducción

El porqué de «Las recetas de mamá»

CUANDO SE HABLA DE COCINA, hay que buscar un adjetivo para saber a qué tipo de cocina nos referimos. La mía es *cocina casera*, la que se prepara en casa siguiendo esas recetas que han pasado de madres a hijas, que recogen la manera de cocinar que nuestras madres y abuelas crearon al calor de los fogones. El resultado son las recetas de siempre, las recetas familiares, las que hoy nos evocan los sabores de nuestra infancia. Y esas recetas caseras las tengo asociadas a una vieja libreta verde con tapas de hule.

La libreta donde anoté mis primeras recetas, las más fáciles de realizar, las que más me gustaban y con las que me inicié en la cocina cuando dejé la casa de mis padres. Esa libreta se enriqueció muy pronto cuando le añadí el recetario de mi abuela (¡del año 1913!), con algunas recetas irrealizables, pero con otras tan ricas como el lomo a la canela o los polvorones, que ahora aparecen en este libro.

Esta libreta siguió creciendo y en ella tengo anotadas algunas recetas muy especiales: las que me anotó mi padre cuando mi madre le hacía un plato que a él le gustaba mucho. También las que me han pasado mis primas y mis amigas, ese plato que pruebas en su casa, el que te recomiendan para una ocasión especial y que se convierte en un éxito, y las recetas ricas que veía escritas en una revista o un periódico.

Luego escribí una segunda libreta con recetas ricas y fáciles, era el primer libro de cocina de mi hijo Paco, cuando dejó el colegio mayor y empezaba su vida independiente en un piso de estudiantes. Hice una selección de platos para que se iniciara en la cocina y pudiera comer bien, rico y sano, en esa nueva etapa de su vida.

Pero como los tiempos cambian y se impone la tecnología, esta libreta se convirtió en un blog: *Las recetas de mamá*, donde Paco iba anotando lo que comía en casa en vacaciones o lo que le gustaba de manera especial. El blog cambió cuando me lo apropié yo, y comencé a colgar mis recetas, las de siempre y las nuevas que iba aprendiendo al ritmo endemoniado que imponen foros como *MundoRecetas* o *El Cafetito*, dos foros fantásticos con unas cocineras de primera: todo lo que veía en ellos quería probarlo y ensayarlo. Algunas de estas recetas han pasado a ser ya un plato clásico en casa.

Tengo pocas líneas para agradecer tanto y a tantas personas que han estado a mi lado, primero animándome con la web y luego en el proceso de creación de este libro:

—En primer lugar quiero mencionar a la familia: Paco, mi marido y mi «jefe de compras», que siempre me ha dado su apoyo, y nuestros hijos: Paco, el alma técnica de *Las recetas de mamá*, y Rafa y Tomás, para los que da gusto cocinar. Gracias a su buen gusto para

apreciar lo bueno, y su apetito para todo lo demás, he podido desarrollar una de mis aficiones: la cocina.

—A mis primas, que me siguen y buscan en mis recetas esos recuerdos de sabores y olores que nos transportan a todos a la infancia.

—Y a mis amigos, convertidos en conejillos de indias; son ellos los que soportan mis experimentos y mis novedades, y siempre con una crítica amable. A todos, gracias por vuestros consejos, vuestras recetas y vuestra compañía.

—Y también a mis amigas «virtuales», de las que tanto he aprendido.

—Y por último, tengo que citar también a Juan Luis Miravet, que desde el principio vio *Las recetas de mamá* convertidas en libro.

A todos, gracias.

Ana Mª Prieto

Arroces, pastas y legumbres

Arroz caldoso con pollo

Cuando **El País** *inauguró su edición andaluza, publicó una sesión de recetas de la cocina popular andaluza (qué pena, desapareció pronto); era un recorrido gastronómico por toda Andalucía. Yo las conservo en la libreta de mis recetas favoritas, y este arroz es una de ellas.*

Ingredientes

600 g de arroz

1 pechuga
entera de pollo

1 cebolla

2 tomates maduros

2 pimientos choriceros

4 dientes de ajo

10 almendras

Aceite de oliva

Sal y perejil

Preparación

Se pone al fuego una sartén con el fondo cubierto de aceite y cuando esté caliente se fríen los ajos partidos por la mitad y las almendras, y se reservan. Y del mismo modo se dora la carne, que también se reserva.

En el mismo aceite se hace un sofrito con la cebolla y el pimiento choricero, y, cuando tome color, se añade el tomate finamente picado. Cuando está listo el sofrito se añade la carne, la sal y el agua. En el arroz caldoso se ponen tres partes de agua por una de arroz.

Se cuece un poco el pollo y a continuación se añade el arroz y se deja cocer a fuego entre medio y suave, hasta que el arroz esté en su punto. Poco antes de que esté listo se toma un poco de caldo para majar las almendras y los ajos, que se trituran y se añaden al guiso. Antes de servir se comprueba la sal y se rocía con perejil muy picado.

Arroz con cigalas y setas

Hay una gran diferencia entre comprar marisco en la costa y cualquier sitio del interior... Estas cigalas estaban vivas y no dejaban de moverse. Eran perfectas para hacer con ellas una buena comida.

Ingredientes

Arroz

250 g de setas

Ajo

6 cigalas

Fumet de marisco, caldo de pescado o agua

Aceite de oliva virgen extra

Perejil

Sal
y unas hebras de azafrán

Preparación

Se empieza por preparar unas setas al ajillo. Siempre se puede hacer con la seta que más nos guste, o la que se encuentre en el mercado, se lavan bien y se trocean. Se cubre el fondo de una sartén con aceite de oliva, se fríen unos ajos cortados finamente y cuando empiezan a dorar se añaden las setas y se saltean a fuego vivo durante unos minutos. Se salan ligeramente y se les pone un poco de perejil.

Para hacer el arroz, se pone la paella al fuego con el fondo cubierto de aceite de oliva, se fríe un diente de ajo cortado en pequeño y, cuando ha dorado, se saltean las cigalas y se reservan.

Luego se incorpora el arroz a la paella, dos puñados generosos para cada uno, y se saltea en el mismo aceite, se añaden las setas y se pone el doble de líquido que de arroz. Este líquido puede ser agua o caldo de pescado o el fumet que se hace con cabezas de gambas (nunca se tiran). Es aconsejable tener siempre algún tarro guardado en el congelador porque enriquece este tipo de platos.

Cuando el líquido está a medio consumir, se añaden las cigalas y unas hebras de azafrán y se sala ligeramente (las setas y el fumet ya llevaban sal). Cuando el arroz está hecho, se deja reposar unos minutos.

Arroz con verduras y gambas

Ésta es una receta fácil y rápida que admite toda clase de verduras. Este plato está elaborado con un buen puñado de gamba blanca y esos restos de verdura que van quedando en el frigorífico.

Ingredientes

400 g de gamba blanca

½ calabacín

1 pimiento verde

150 g de champiñones

1 puerro

5 espárragos verdes

1 cebolleta

1 tomate maduro

2 dientes de ajo

1 cucharadita de pimentón de La Vera

6 puñados de arroz

Un poco de sal

Agua o caldo de pescado

Aceite de oliva virgen extra

Preparación

Se cubre el fondo de la sartén o la paella con aceite de oliva y cuando está caliente se va haciendo un sofrito con las verduras. Se añaden por orden de dureza: espárragos, pimiento, cebolleta, puerro, champiñón, calabacín, ajo y por último el tomate. Cuando se ve bien rehogada una verdura, se pone en el borde de la paella y se añade la siguiente, así hasta terminar con todas.

Seguidamente se añade una cucharadita de pimentón, procurando que no se queme, y el arroz, que se marea con toda la verdurita. Si queremos que el arroz quede seco, se calcula el doble volumen de líquido (caldo de pescado, fumet hecho con las cabezas de las gambas o agua) que de arroz, y si lo queremos caldoso, se pone el triple de líquido que de arroz. Luego se añade un poquito de sal y se deja cocer a fuego moderado.

Cuando el líquido está a medio consumir, se incorporan las gambas peladas y se deja que el arroz tenga su punto y no se pase. Se comprueba si hay que añadir un poco de sal y listo.

Pasta con Gorgonzola y nueces

A la pasta le sienta muy bien la crema de queso y las nueces, y si además se añade un poco de mermelada de naranja... se consigue un plato exquisito y diferente.

Ingredientes

250 g de pasta

250 g de queso Gorgonzola (o de Cabrales o Roquefort)

100 ml de nata

10 nueces

Agua y sal para cocer la pasta

1 cucharada sopera de mermelada de naranja amarga

Preparación

Se cuece la pasta en agua salada el tiempo que marque el fabricante y se deja al dente.

Mientras tanto, en una sartén se calienta la nata, y antes de que empiece a hervir, se añade el queso Gorgonzola, se mueve con una pala de madera y se deja hasta que se funde y queda convertido en una salsa. Cuando se ha fundido, se saltea la pasta con esta crema de queso.

Se sirve en una fuente, se añaden las nueces troceadas y se termina poniendo la mermelada repartida encima de la pasta.

Pasta con salsa de piñones y almendras al Parmesano

El Parmigiano-Reggiano (Parmesano) convierte la salsa de esta pasta en algo especial; por algo se conoce como el «rey de los quesos».

Ingredientes

300 g de pasta

40 g de queso Parmesano

40 g de almendras

20 g de piñones

100 ml de aceite de oliva

150 g de tomate triturado

1 diente de ajo

Sal y pimienta

Albahaca

Preparación

Se pone agua a hervir para cocer la pasta.

Entre tanto se hace un majado con la albahaca, los piñones, las almendras y el diente de ajo, se mezcla con el tomate y se pone al fuego. Se añade el aceite poco a poco para ligar la salsa y después el queso rallado y un poco de sal y pimienta.

La salsa estará enseguida. Se hace mientras se cuece la pasta.

Se mezcla bien la pasta con la salsa y se sirve. Se puede añadir Parmesano recién rallado.

Tortellini con duxelle de pie azul

Cualquier clase de seta, mezclada con queso, nata y pasta da como resultado un plato que triunfa en la mesa.

Ingredientes

250 g de tortellini
(pasta fresca rellena de
Gorgonzola con nueces)

250 g de setas de pie azul
(*Lepista nuda*)

1 cebolla pequeña

1 puerro

Aceite, sal y pimienta

1 vasito de vino blanco

150 ml de nata

150 g de queso Gruyère

Preparación

Se calienta una olla con agua y un puñado de sal para cocer los tortellini. Cuando empiece a hervir, se añade la pasta y se deja cocer el tiempo que marca el fabricante. Si es pasta fresca, comprada o casera, con uno o dos minutos es suficiente.

Mientras tanto, se prepara la duxelle. Para ello, se cubre el fondo de una sartén amplia con aceite y se sofríe la cebolla y el puerro cortados muy finos. Cuando empieza a tomar color, se incorpora el vino y se deja que se evapore el alcohol. Se añaden las setas troceadas y se deja cocer a fuego medio, hasta que se pierde toda el agua que sueltan. Y por último, se pone la pimienta, el queso rallado y la nata, y se deja que hierva unos minutos.

Cuando la salsa está trabada, se incorporan los tortellini ya cocidos y se saltea todo junto, para que la pasta quede bien impregnada de la duxelle.

Potaje como Dios manda

Las legumbres forman parte de nuestra comida de diario. Uno o dos días a la semana se prepara en casa algún plato de lentejas, garbanzos o judías. Generalmente las cocino sólo con verdura, pero de vez en cuando sale un plato como Dios manda, con un poco de chorizo y morcilla, y ese día, la comida es mucho más celebrada.

Ingredientes

400 g de garbanzos

2 tomates grandes maduros

1 cebolla

2 pimientos verdes

1 pimiento rojo

Chorizo y morcilla

Aceite de oliva

Preparación

Los garbanzos se dejan en remojo la noche anterior, para hidratarlos. Se ponen a cocer en la olla a presión cubiertos de agua, y se saca la espuma que hacen al hervir.

Mientras tanto se prepara el sofrito, con el aceite que se pone a fuego suave para pochar la cebolla. Antes de que empiece a tomar color, se añaden los pimientos troceados en pequeño, y cuando están hechos se añade el tomate, pelado y cortado en dados. Cuando se ha perdido el agua del tomate se deja freír unos minutos y ya está hecho el sofrito, que se añade a la olla donde están los garbanzos, y se deja cocer a fuego lento hasta que los garbanzos estén tiernos. Si hay prisa, se cierra la olla y se cuece a presión. Cada olla tiene su tiempo, la mía necesita unos doce minutos.

A mitad de cocción se añade el chorizo y la morcilla, pero para que el plato resulte más ligero me gusta ponerlo desgrasado (hay que cuidarse). Para desgrasarlos, se trocean y se envuelven en papel de cocina y se ponen unos minutos en el microondas a máxima potencia. De este modo buena parte de la grasa queda en el papel.

Cuando los garbanzos están tiernos, se sazonan y ya está listo para servir, aunque este tipo de platos quedan más ricos de un día para otro.

Como siempre, es importante que todos los ingredientes sean de calidad, tanto los garbanzos como las verduras y los embutidos. Estos chorizos y morcillas son de Ronda y buenísimos.

Cocido

El cocido tradicional suele llevar huesos, tocino añejo... pero yo he ido suprimiendo poco a poco algunos ingredientes, y el resultado es un plato más ligero, pero igualmente rico. Es importante que los ingredientes sean de calidad.

Ingredientes

500 g de garbanzos

½ pechuga de gallina

250 g de morcillo de ternera (yo pido esa cantidad, pero siempre el carnicero pone algo más)

250 g de magro de cerdo

250 g de jamón curado

Un trocito de tocino ibérico

300 g de cardos (un bote de cristal), judías verdes o tagarninas (■ver pág. 127)

Agua y sal

Preparación

Se dejan los garbanzos en remojo cubiertos de agua durante toda la noche.

Se pone la olla con la carne y se cubre de agua fría, se acerca al fuego y cuando empieza a hervir se va sacando la espuma que se forma en la superficie. Cuando ha hervido unos veinte minutos, se añaden los garbanzos, y se vuelve a repetir la operación de castrado de la espuma.

Si se hace en olla a presión, éste es el momento de taparla. En la mía es suficiente con diez minutos de presión; cuando deja de echar vapor, se destapa y se añade la verdura, se deja cocer cinco minutos más y listo. Es en este momento cuando se puede sacar el caldo sobrante, estupendo para hacer una sopa. Después se sala al gusto y se sirve por un lado el cocido y en fuente aparte la carne.

Este plato está muy rico y da para varios días, tanto la carne como los garbanzos congelan estupendamente. Vale la pena hacer esta cantidad y guardar en el congelador. En casa gusta mucho la ropa vieja (■ver pág. 73) que se hace con esta carne.

Lentejas

Cuando pregunto en casa:
–¿Qué comemos mañana?
Mi hijo siempre
contesta lo mismo:
–¡Lentejas!

Ingredientes

300 g de lentejas
1 pimiento verde
2 ó 3 zanahorias
1 patata
½ cebolla
2 dientes de ajo
Aceite de oliva
Pimentón de La Vera

Preparación

Se dejan las lentejas en remojo la noche anterior, y cuando se van a cocinar, se les cambia el agua, se lavan bien y se ponen en una olla con agua fría. Mientras se van calentando, se añaden el resto de los ingredientes: el aceite, el pimentón, la cebolla troceada, el pimiento en tiras, el ajo entero (para poder retirarlo con facilidad) y la zanahoria en daditos.

Se deja estofar a fuego lento, cuidando que no se queden sin agua y que no se agarren al fondo de la olla, y pasados unos diez minutos, se añade la patata troceada. Cuando las lentejas están tiernas, se sazonan con un poco de sal y se dejan reposar antes de servir.

Versión exprés

Se ponen en una olla, se cubren de agua y se les añade una lata de pisto y un chorizo troceado. Se dejan cocer hasta que están tiernas, cuidando que no se peguen en el fondo de la olla. Se corrigen de sal y se sirven.

Verdinas con almejas y gambones

La verdina es una alubia de menor tamaño que la que se emplea para la fabada y que destaca por su color verde y sobre todo por su exquisito y suave sabor. Esta legumbre se cultiva en el oriente asturiano, en el valle de Ardinasa.

Ingredientes

½ kg de verdinas

1 kg de almejas

19 gambones

1 cebolla (optativo)

2 dientes de ajo

½ vaso de sidra

1 cucharada sopera de harina

Aceite de oliva virgen extra

Perejil

Sal

Preparación

Las verdinas se ponen a remojar la noche anterior. Una vez hidratadas, se ponen a estofar a fuego lento con la cebolla y el agua necesaria para cubrirlas. Cuando arrancan a hervir, se retira la espuma y se añade agua fría para asustarlas (se puede sustituir por fumet de pescado o marisco). Se dejan en el fuego hasta que estén tiernas, vigilando que no queden sin caldo.

En una sartén con un poco de aceite de oliva, se saltean los gambones. Yo les dejo la cabeza y las aletas, porque así están más bonitos, y les quito el resto de cáscara, para que resulte más fácil comerlos. Se les da vuelta y vuelta, se salan y se reservan.

Por otro lado se preparan unas almejas: se pone al fuego la sartén con el aceite y los ajos, cuando empiezan a dorarse se añade la harina y se tuesta un poco. Se incorporan las almejas y la sidra, y se dejan a fuego vivo hasta que se abren y la salsa queda ligada. Por último se le pone una rociada de perejil picado y sal.

Cuando las verdinas están tiernas, se retira la cebolla y se añaden los gambones y las almejas, con todo el jugo que han soltado, se cuecen unos minutos para que se integren los sabores, se corrige de sal y se dejan reposar para que tomen todo el gusto del marisco.

Aperitivos

Canapés
de bacalao ahumado

La idea de montar así el canapé es de José Álvarez, dueño de una charcutería fantástica, donde todos los años compramos los ahumados y el foie que se toma en casa en Navidad.

Ingredientes

1 buen bacalao ahumado

1 baguette

Un poco de alioli suave, a poder ser casero

Cebollas caramelizadas:

2 cebollas

2 cucharadas colmadas de azúcar moreno

2 cucharadas de vinagre balsámico

Preparación

Se hacen rebanadas finitas con la baguette y se tuestan en el horno por las dos caras, se untan con un poco de alioli, se coloca encima una lonchita de bacalao ahumado y por último se pone una cucharadita de cebolla caramelizada.

Cebolla caramelizada: en una sartén se pone a pochar la cebolla cortada en juliana. Cuando empieza a tomar color se añade el azúcar y el vinagre, y se deja a fuego suave unos quince minutos y dos minutos más a fuego medio.

Con esta cebolla se pueden preparar diferentes canapés; está muy rica con algunos quesos, como queso crema o de cabra. Queda muy bien con carnes y foie, en fin, con todo aquello a lo que le sienta bien el agridulce. Se conserva tiempo en el frigorífico, y es una buena solución tener guardada en tarros pequeños en el congelador.

Croquetas de jamón

Para hacer una buena croqueta sólo hacen falta dos cosas: paciencia y buenos ingredientes. Debe quedar dorada y crujiente por fuera y, sobre todo, cremosa por dentro. Para ello es necesario tener un poquito de paciencia para hacer la bechamel sin prisas, trabajándola lentamente... luego se agradece cuando, debajo de esa capa crujiente de empanado, las croquetas quedan cremosas y casi se funden en la boca.

Ingredientes

200 g de jamón
ibérico picado menudito

6 cucharadas
de aceite de oliva

3 cucharadas de harina

2 vasos de leche

½ cebolla

Sal

Pan rallado
y huevo para rebozar

Aceite de oliva para freír

Preparación

Para hacer la bechamel se pone el aceite al fuego y se dora la cebolla a fuego medio; cuando toma color, se retira la cebolla y se tuesta la harina en el mismo aceite. Se añade el jamón, y cuando está bien integrado en la harina, se incorpora la leche, se mueve con varillas o con una cuchara de madera y se deja reducir a fuego medio. La sal se pone con cuidado de no pasarse, porque el jamón aporta ya un punto bueno de salazón.

Cuando la masa se despega del fondo y las paredes de la sartén, ya está la bechamel en su punto. Se nota también porque aflora a la superficie algo de aceite.

Se pasa la bechamel a una fuente para dejarla enfriar antes de hacer las croquetas, o bien se pone en una manga pastelera (o una simple bolsa de plástico de las que se usan para congelar alimentos). Cuando se ha enfriado, se forman las croquetas del tamaño deseado, con la ayuda de unas cucharillas o bien haciendo un churro largo con la manga pastelera, que se corta luego del tamaño de la croqueta. La manga no necesita boquilla, simplemente un tijeretazo en el extremo.

Se rebozan en huevo y pan rallado, y se fríen en aceite de oliva bien caliente. Cuando están doradas se dejan unos momentos en papel de cocina para que pierdan el exceso de aceite y se sirven.

Croquetas de lomo

Éstas son las croquetas que más gustan en casa. Están hechas con lomo frito en manteca (■ ver pág. 83), como el que se hacía en casa de mi madre en la matanza, lo que se conoce como «lomo de orza». Yo preparo este lomo cada año y eso me permite hacer un platito de lujo, como éste, de vez en cuando.

Ingredientes

2 trozos de lomo

1 l de leche

1 cebolla

150 ml de aceite

200 g de harina

Sal

Preparación

En una sartén se calienta el aceite y se dora la cebolla a fuego medio. Luego se retira y se añade la harina para tostarla un poco. De este modo se consigue una bechamel más sabrosa.

Cuando la harina está tostada y dorada, se añade el lomo, cortado y desmenuzado, y se rehoga bien y finalmente se añade la leche y la sal (yo no le pongo ni pimienta ni nuez moscada).

Cuando la bechamel se despega del fondo de la sartén, se aparta del fuego y se deja enfriar para poder hacer las croquetas. Finalmente se les da forma, se pasan por huevo y pan rallado y se fríen en una sartén con aceite abundante y bien caliente.

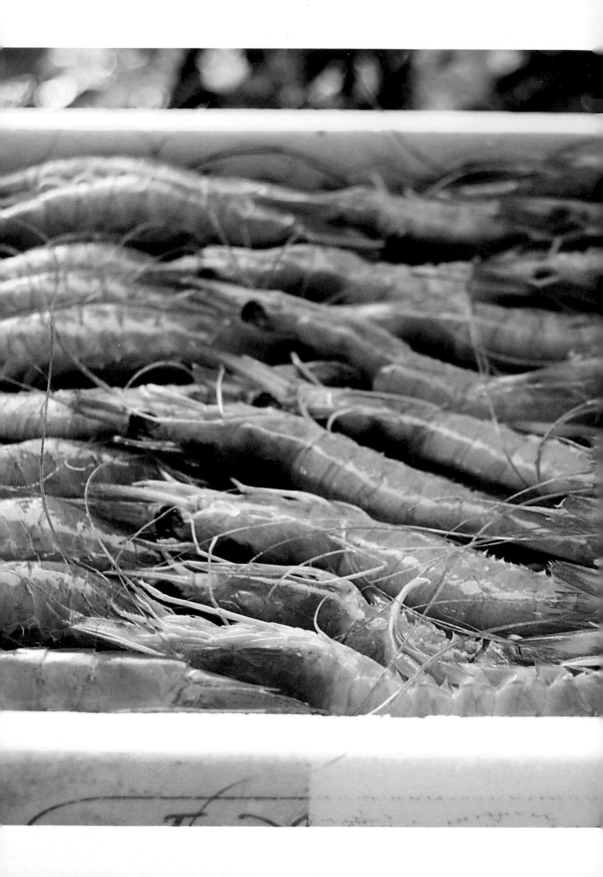

Croquetas de gambas

Descubrí las croquetas de gambas en un restaurante de Isla Cristina; allí las gambas y el atún son ingredientes muy frecuentes en la mesa cada día y hacen con ellos auténticas maravillas.

Ingredientes

250 g de gambas

200 ml de leche

200 ml de fumet

4 cucharadas soperas de harina

2 dientes de ajo

8 cucharadas soperas de aceite

Sal y nuez moscada

Para el acabado final:
Pan rallado, huevo y aceite de oliva

Preparación

Para hacer el fumet se saltean las cabezas y las cáscaras de las gambas con un poco de aceite, como si se hicieran a la plancha. Luego se cubren de agua y se dejan cocer para que suelten bien todo el sabor. También se puede hacer el fumet con la leche.

En una sartén se pone el aceite, se doran los ajos finamente picados, se añaden las gambas y se les da vuelta y vuelta, se sacan con los ajitos y se reservan. Se incorpora la harina, y se rehoga durante un par de minutos, se añade la leche y el fumet, y se mantiene a fuego suave removiendo hasta que esté hecha la bechamel. Se añade la sal y un poquito de nuez moscada, y en el último momento se incorporan las gambas, se mueve todo para que queden bien integradas en la bechamel y se pone a enfriar en una fuente.

Se forman las croquetas, se rebozan en huevo y pan rallado, y se fríen en aceite de oliva bien caliente.

Milhojas de salmón

Éste es un canapé fácil de preparar y se puede tener hecho con antelación, lo que supone una doble ventaja para los días de muchos preparativos en la cocina. Y si se hace con queso bajo en grasa, resulta un aperitivo ligero y no reñido con las dietas.

Ingredientes

200 g de salmón ahumado

200 g de queso crema ligero

70 g de agua

3 hojas de gelatina

2 cucharaditas de zumo de limón

Pimienta blanca recién molida

Unas gotas de limón

Un poco de eneldo (opcional)

Preparación

En primer lugar se hidrata la gelatina en un vaso de agua fría. Mientras tanto se pone a calentar en un bol al baño maría: el agua, el zumo de limón, el eneldo y la pimienta. Cuando alcanza una temperatura cercana a los 70 ºC se añade la gelatina bien escurrida y se bate enérgicamente con unas varillas, y por último se incorpora el queso y se bate hasta conseguir una crema homogénea.

Montaje: se forra un molde bajito y rectangular con film de cocina y se cubre todo con el salmón, que debe estar cortado muy fino.*

A continuación se pone encima la mitad de la mezcla de queso, se cubre con otra capa de salmón, de nuevo queso y se termina cubriendo de nuevo con salmón. Se tapa bien con film de cocina y se reserva en el frigorífico de un día para otro, para que coja cuerpo la gelatina.

Se puede servir de varias maneras, queda bien cortado a daditos, del tamaño de las tostaditas del canapé.

---

* Si no está muy fino, se pone entre dos capas de film transparente y se le pasa el rodillo varias veces por encima, como si se estirara una masa.

Boquerones en vinagre

Me encantan los boquerones en vinagre... un aperitivo ligero y fresquito estupendo para el verano.

Ingredientes

500 g de boquerones

2 cucharadas grandes de sal gorda

½ l de vinagre de vino blanco

Perejil

Aceite de oliva virgen extra

2 dientes de ajos, cebolleta o aceitunas

Preparación

Se limpian bien los boquerones, se les quita la cabeza, las vísceras y la raspa. Hay que lavarlos bien para que pierdan toda la sangre, y luego se dejan escurrir.

Para evitar posibles contagios de anisakis, es aconsejable mantenerlos a -18 °C un par de días. Así que los lomos de boquerón pasan del escurridor al congelador.

Se descongelan y se prepara una salmuera para hacer el encurtido: en una fuente o una fiambrera, se pone una cantidad de vinagre suficiente para cubrir el pescado y unas cucharadas de sal gorda, procurando que quede bien disuelta, se colocan los lomos con cuidado de que queden cubiertos. También se puede alternar tandas de boquerones, rociadita de sal y vinagre, procurando que al final queden cubiertos con el vinagre.

Se dejan en un lugar fresco al menos ocho horas (no es necesario que sea dentro del frigorífico). Con este tiempo es suficiente para que se haga el encurtido, pero la mejor prueba es el color blanco que deben tener los boquerones.

Antes de servirlos, se escurren bien de la salmuera, se colocan en una fuente ordenados, se rocían de perejil bien picado y un chorreón de aceite de oliva virgen extra. Se les puede picar ajo o cebolleta, o simplemente servidos con aceitunas y patatas chips.

Aceitunas partidas

Éste es el aliño que aprendí de mi madre y que preparo todos los años. La única pega es que hay que consumirlas en quince días; por estar aderezadas con vinagre se estropean, pero se pueden guardar en salmuera durante todo el año y luego ir preparando poco a poco.

Ingredientes

Aceitunas de verdeo

Ajo

Vinagre

Orégano

Pimentón dulce

Cayena

Pimienta

Sal

Preparación

Se parten las aceitunas una a una dando un golpe seco, se ponen en un recipiente adecuado y se cubren de agua. Durante unos días se les va cambiando el agua, hasta que pierden el sabor amargo. El número de días depende de la variedad de aceituna y de su grado de madurez... pero entre siete y diez días suele ser suficiente.

No he puesto cantidades en los ingredientes porque todo va según el gusto de cada uno. La base es una mezcla de agua y vinagre, manteniendo la proporción de dos partes de agua por cada parte de vinagre... hasta que las aceitunas queden cubiertas.

Para unos 10 kg de aceitunas yo he puesto una cabeza de ajos que se majan en el mortero con la sal, medio bote de orégano de los que hay habitualmente en los especieros, cuatro cayenas, pimienta blanca recién molida: el equivalente a unas veinte pimientas, tres cucharadas de pimentón dulce y un buen puñado de sal...

Lo importante es tener en cuenta la proporción de vinagre y agua, y todo lo demás va al gusto... por eso se prueba, y cuando se encuentre el punto... ¡listo! Hay que dejar que las aceitunas tomen el aliño durante unas horas y después ya se puede tomar.

Queso fresco de cabra

*Uvas y queso saben a beso...
y si además es artesanal
y hecho en casa, sabe a
gloria. Para el proceso de
elaboración, he seguido los
consejos de Loli; su madre
tiene cabras y hace queso
a diario.*

Ingredientes

3 l de leche
fresca de cabra

1,5 ml de cuajo líquido
(se compra en las farmacias)

1 cucharada
sopera de yogur

1 cucharada
sopera de leche en polvo

Sal

Preparación

En una olla o cacerola amplia se calienta la leche hasta que alcance una temperatura en torno a los 30 °C o 35 °C. Se añade el yogur y se mezcla bien con la leche templada. Con este ingrediente se aportan fermentos lácticos, que darán sabor, aroma y textura al queso. Se deja reposar unos minutos.

Mientras, se disuelve la leche en polvo en un poco de la leche templada, y se incorpora a la olla.

Se añade el cuajo líquido: 1,5 ml es lo aconsejado para los 3 l de leche. Esa cantidad equivale a 27 gotas, de modo que se puede dispensar con un cuentagotas o con una jeringuilla. No se aconseja aumentar la cantidad de cuajo, porque el queso amargaría.

Se remueve bien la leche, se tapa la olla y se reserva en un lugar cálido durante una hora aproximadamente. Con las temperaturas de Córdoba yo sólo he tenido que sacarla a la terraza. Si el ambiente está frío, se puede calentar el horno a 50 °C, se apaga y se mete allí la olla, o bien arropar la olla con una manta eléctrica.

Pasado este tiempo, se corta la cuajada con un cuchillo en trocitos pequeños, y se deja reposar... La cuajada se irá al fondo y poco a poco comienza a aflorar el suero.

Mientras tanto se prepara la tarrina donde se va a prensar. Yo utilizo una tarrina de medio kilo (que era de queso) y a la que he perforado la base. Aquí se va a cuajar el queso, y necesita ▶

esos pequeños agujeros para seguir soltando el suero. Lo ideal es un molde de quesería con émbolo, pero esta tarrina suple bien a la profesional.

Se deja que decante el suero, y se va sacando con cuidado, hasta que sólo queda la pasta de queso en el fondo de la olla.

Se pasa con cuidado la pasta al molde agujereado y se presiona suavemente con las manos, para que pierda el exceso de suero. Luego se coloca sobre una base firme y se prensa.

Al principio se pone poco peso, y según se vaya quedando sin suero, se añade algo más (se puede poner al principio una lata de conserva, como las de piña, y luego se completa el peso con uno o dos litros de leche). Al menos debe estar seis horas.

Para añadirle la sal, hay que preparar una salmuera en un recipiente con algo de fondo. Se pone el agua y la cantidad de sal se mide con la ayuda de un huevo crudo: cuando se ha alcanzado el punto idóneo de la salmuera, el huevo flota dejando fuera un círculo del tamaño de una moneda de dos euros.

Ya sólo queda meter el queso prensado en esta salmuera durante dos o tres horas, el tiempo necesario para que tome la sal.

El suero no se tira... se pueden hacer varias cosas con él, entre otras cosas requesón (■ ver pág. 165).

Rosas de bacalao ahumado

Es una manera muy original y vistosa de presentar el bacalao ahumado. Seguro que le da un toque de color a cualquier mesa de fiesta.

Ingredientes

200 g de bacalao ahumado en láminas

2 tomates maduros

Un poco de aceite de oliva

Preparación

Se rallan los tomates y se ponen en un colador para que pierdan el exceso de agua. La pulpa del tomate rallado, sin más, se pone de base en la fuente de presentación. Para mi gusto no necesita sal, porque ya la lleva el bacalao, ni tampoco vinagre.

Con las láminas de bacalao se forma una rosa. Esto, como todo, es cuestión de práctica: se ponen las láminas de bacalao unas sobre otras de manera irregular, se enrollan como un canutillo, y luego se parten por la mitad. Al colocarlas en la fuente sobre el tomate, se abren con cuidado los «pétalos» ayudando un poquito con la mano, y con algún trocito que quede suelto se hacen los pétalos exteriores. También se puede enrollar un trozo en forma de cono, y sobre éste se va enrollando todos los demás hasta formar la rosa.

Una vez que se ha colocado lo mejor posible sobre el tomate, se rocía con un hilito de un buen aceite de oliva y a la mesa.

Se sirve con rebanadas de pan finitas y recién tostadas. Se rompe la rosa, y se ponen lonchas de bacalao con tomate sobre el pan y a disfrutar del bocado.

Quiche Lorraine

Esta tarta salada es un clásico de la cocina francesa. Fue creada en torno al siglo XVI en la región de la Lorraine. Una quiche se puede hacer con muchos rellenos diferentes, pero una «quiche Lorraine» se prepara con nata, huevos, bacon ahumado y queso.

Ingredientes

Para la masa quebrada:

200 g de harina

100 g de mantequilla

1 huevo

1 cucharadita de sal

Para el relleno:

200 g de bacon ahumado

200 g de queso Gruyère rallado

1 cucharada de aceite

250 ml de nata

100 ml de leche

4 huevos

Sal y pimienta

Preparación

Se puede hacer perfectamente con una masa quebrada de las que venden en los supermercados. Algunas son de calidad y permiten hacer este tipo de tartas con más facilidad.

Para preparar la masa quebrada casera, sólo hay que hacer un volcán con la harina, añadir la mantequilla en dados y se va uniendo todo hasta conseguir una masa homogénea. No se debe amasar demasiado porque eso endurece la masa. Se hace una bola y se guarda en el frigorífico durante media hora envuelta en film de cocina.

En Thermomix se hace rápidamente: sólo hay que poner en el vaso la harina, la mantequilla en daditos y la sal, y se programa quince segundos a velocidad 4. Igualmente, se hace una bola y se guarda en film de cocina en el frigorífico durante una media hora.

Se extiende con el rodillo y se cubre con ella una tartera llana de base desmoldable. Se pasa el rodillo por el borde y se retira el sobrante de masa.

Esta base se cubre con papel de hornear o papel de aluminio y se ponen unos garbanzos o cualquier otra semilla y se hornea durante quince minutos a 180 ºC. Yo le he puesto almendras, aprovechando el rato de horno para hacer unas almendras tostadas. Se quita el peso y se pincela con el huevo. Se vuelve a hornear durante cinco minutos, para sellar bien la masa y evitar que absorba humedad del relleno. ▶

Esta base se puede utilizar tanto para tartas dulces como saladas (■ ver tarta de manzana en la pág. 187).

Mientras tanto se prepara el relleno. Para ello se ralla el queso y se corta en daditos el bacon.

Se fríe el bacon en una sartén con la cucharada de aceite, se deja escurrir sobre papel de cocina y se reserva. Se baten los huevos y se mezclan con la nata y la leche, se sazona con sal y pimienta.

Sobre la base de la tarta se pone algo más de la mitad del bacon y el queso, y a continuación la mezcla de huevo y nata, se reparte el resto del bacon por arriba y se hornea a 180 °C durante una media hora o hasta que esté cuajado y dorado. Se sirve caliente.

Pollo al chilindrón

Es una manera muy rica y sabrosa de preparar la carne de pollo o de conejo: huele tan rico mientras se hace, que en casa había alguien que decía que con ese olor y un pedazo de pan se quedaba uno comido.

Ingredientes

6 medias pechugas

1 cebolla grande

2 dientes de ajo

1 pimiento rojo

2 pimientos verdes italianos

5 tomates maduros

Jamón serrano

1 vaso de vino blanco

1 hoja de laurel

Sal y pimienta

Aceite de oliva virgen extra

Preparación

Se cubre el fondo de una sartén con el aceite y se doran las pechugas de pollo y el jamón troceados, y cuando estén bien salteados se añaden los pimientos, la cebolla, el ajo y el tomate sin piel y sin semillas.

Se deja cocer a fuego lento durante unos veinte minutos. Cuando las verduras han pochado, se añade el vino blanco, la sal, la pimienta y el laurel, y se deja cocer a fuego suave hasta que el pollo esté tierno.

Albóndigas con tomate

Estas albóndigas son un plato sencillo, rápido y sano. Las he hecho dorándolas al horno, de modo que quedan más ligeras que las que se enharinan y se fríen.

Ingredientes

1 kg de carne picada, mitad ternera mitad cerdo

Un poco de pan rallado

Perejil picadito

2 huevos

Un vaso de vino fino

Un poquito de aceite en espray

Sal y pimienta

Para la salsa de tomate casera:

1 lata de tomate natural triturado

Un poco de aceite de oliva

2 dientes de ajo

Preparación

Se hace la masa de las albóndigas mezclando en un bol la carne con el pan rallado, el perejil y el huevo. Se sazona con sal y pimienta, y se forman las albóndigas. Para darles forma, me gusta mojarme las manos en un poco de vino y no las hago demasiado pequeñas, para que queden jugosas.

Se colocan en una bandeja de horno y se rocían con un poco de aceite. Para esto viene fenomenal un espray, porque se pone el aceite justo. Se hornean y, cuando están doradas, se les da la vuelta, para que queden uniformes y se hagan también por abajo.

Si no tenemos tomate casero en casa, es fácil hacerlo. Basta con poner en la olla a presión un poco de aceite, y freír unos ajitos (o una cebolla picada, eso va al gusto). Se añade una lata de tomate natural triturado, y se cierra la olla. Se deja unos minutos con la olla pitando, y listo. El resultado es un tomate casero muy rico y concentrado.

Mientras se pone a calentar el tomate frito casero, se le añade como medio vasito de vino, el que ha sobrado de darles forma, y se deja que dé un hervor, se añaden las albóndigas y un poquito de sal y se cuecen un poco a fuego suave, para que se terminen de hacer en esta salsa de tomate. Hay que poner la tapa de la olla o la cazuela donde se hagan, para evitar las salpicaduras del tomate en toda la cocina.

Pechuga de pavo en salsa de almendras

Esta pechuga es una de las carnes en salsa que más gustan en casa y puede quedar muy bien en esos días de fiesta en los que el pavo es el protagonista en muchas mesas.

Ingredientes

1 kg de pechuga de pavo

1 cebolla

3 dientes de ajo

150 g de almendras peladas

180 ml de vino blanco

Sal y pimienta

Unas hebras de azafrán

2 hojas de laurel

Aceite de oliva virgen extra

Preparación

En una sartén se pone aceite de oliva suficiente como para freír a fuego suave la cebolla, cortada en cascos, y los ajos fileteados. Cuando está dorada se saca y se reserva, y en el mismo aceite se fríen las almendras. Se reservan y luego, también en el mismo aceite, se dora la carne.

Se pone la carne ya dorada en una cacerola, se añade un poco del aceite de freír y el vino, y se deja a fuego vivo hasta que reduce y se pierde el alcohol. Con la cebolla, los ajos y las almendras, se hace un majado en el mortero, o se tritura todo bien con un poco de agua en cualquier batidora, y se incorpora a la carne. A mí me gusta dejar las almendras un poco rotas, para que se encuentren los trocitos.

Se condimenta con sal y pimienta, y se añaden las hojas de laurel y unas hebras de azafrán tostado, se cubre de agua y se deja cocer hasta que la carne está tierna y la salsa trabada.

Estofado de patatas con costillas

Estas patatas se parecen a las que preparaba mi madre con las costillas de la matanza, las más ricas que yo he comido nunca. Hay que calcular los ingredientes porque las patatas no quedan bien de un día para otro, pero no importa preparar costillas para dos veces, una parte se congela, y ya tenemos la comida de otro día, sólo hay que añadir las patatas y dejarlas cocer un poco.

Ingredientes

1 costillar de cerdo ibérico

1 cebolla

1 pimiento verde

1 tomate maduro

800 g de patatas

Un poco de aceite de oliva virgen extra

2 hojas de laurel

1 vaso de vino blanco de Montilla-Moriles

Unas hebras de azafrán

1 cucharadita de pimentón de La Vera

Sal

Preparación

Se cubre el fondo de la olla a presión con aceite de oliva, y cuando está bien caliente se añaden las costillas troceadas y se saltean bien por todos lados. Cuando están doradas, se añade la cebolla bien picada, y se deja pochar junto con la carne a fuego medio, para que no se queme, durante unos diez minutos.

Mientras se va haciendo una verdura se va picando la siguiente, que en este caso es el pimiento, y luego el tomate, que se incorpora pelado y cortado en daditos. Se añade a continuación el pimentón, el vaso de vino y las hojas de laurel, y cuando ha evaporado el alcohol, se cubre de agua y se tapa la olla. Yo la he tenido unos diez minutos, pero cada olla tiene su tiempo: la carne no debe quedar hecha del todo, porque todavía tiene un rato de cocción.

Se lavan y se tronchan las patatas y se incorporan a la olla. Es mejor tronchar que cortar, porque así al cocerse, van a soltar el almidón y eso hace que espese el caldo para conseguir esa textura tan característica de los guisos de patatas.

Se añade la sal y las hebras de azafrán tostadas, y se deja cocer de nuevo a fuego medio y cubierto de caldo; si hiciera falta se añade más agua. Cuando las patatas están tiernas y se ha consumido casi todo el caldo, sólo queda corregir de sal si hiciera falta y ya está listo para servir.

Carrillada
de ibérico en «dorao»

Éste es un guiso muy sabroso, porque la carrillada de ibérico es una carne muy jugosa y tierna.

Ingredientes

Algo más de 1 kg de carrilladas (unas 10 piezas)

2 cebollas

3 dientes de ajo

1 vaso de vino de Montilla-Moriles o de Jerez

Unas hojas de laurel

Sal y pimienta

Un poco de aceite de oliva virgen extra

Preparación

Se calienta el aceite y se pone a pochar la cebolla. Antes de que tome color, se añaden los ajos laminados, y cuando el sofrito está dorado, se pone en el vaso de la batidora, para triturarlo finamente con un poco de agua.

Se cubre el fondo de una sartén grande con un poco del aceite sobrante del sofrito y se pone a fuego vivo para marcar las carrilladas. Luego se añade el vaso de vino blanco, y se deja cocer hasta que se evapora el alcohol y liga la salsa.

Se añade el sofrito bien majado, el laurel, un poco de sal y pimienta blanca recién molida, se cubre de agua y se deja cocer a fuego medio hasta que se reduce la salsa y la carne queda blandita.

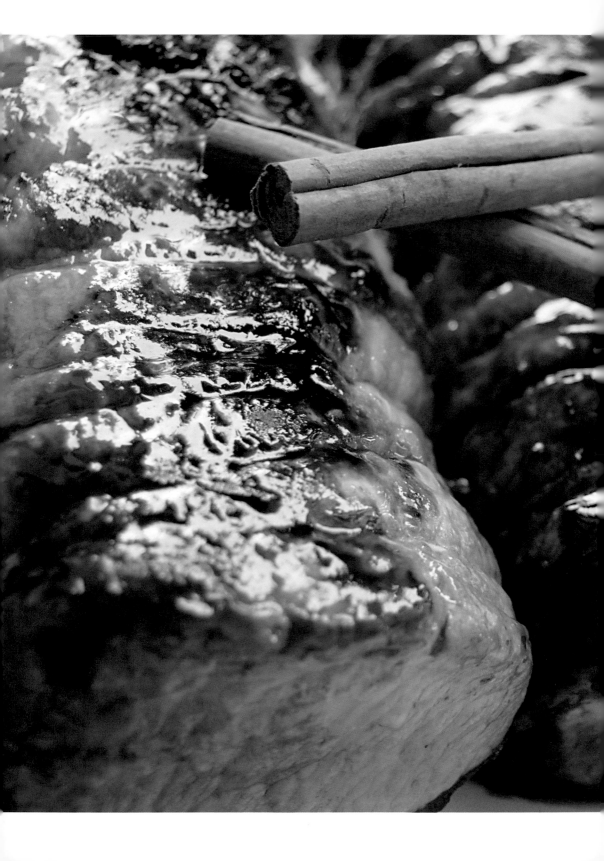

Lomo a la canela
con reducción de Pedro Ximénez

Cuando mi abuela se casó, hace ya casi un siglo, en el año 1913, su madre le escribió un cuaderno de recetas, y este lomo es una de ellas. Ésta es una manera fácil y simple de preparar el lomo, con el resultado de un plato exquisito y que casi se hace solo. Es ideal para hacer de una comida un momento especial.

Ingredientes

1 cinta de lomo
de cerdo ibérico

Aceite de oliva

Canela en rama

Vino fino
de Montilla-Moriles

Unas hojas de laurel

Sal y pimienta

1 botella
de vino Pedro Ximénez

200 ml de nata

El zumo de 1 naranja

1 cucharadita de maizena

Preparación

En primer lugar se ata el lomo con hilo de cocina, de este modo queda mejor para trincharlo.

Se cubre el fondo de una sartén con el aceite de oliva y se marca el lomo; cuando está dorado se añade el vino, la canela, el laurel, la pimienta y la sal. Se medio cubre de vino y se deja cocer a fuego medio hasta que el lomo está tierno. Sólo hay que dar la vuelta de vez en cuando para que la cocción sea uniforme.

Cuando se consume el vino, se pincha con una aguja de brocheta para comprobar si está la carne tierna. Si no es así, se añade un poco de agua, que no esté fría, para terminar de cocer.

Se puede servir frío o tibio con huevo hilado, cebollas caramelizadas, o como en este caso, con una reducción de Pedro Ximénez.

Reducción de Pedro Ximénez:
Se pone el vino en una cazuela en el fuego y se deja hervir hasta que se consigue que quede reducido a la mitad; en ese momento se le añade la sal, la pimienta, el zumo de naranja con la maizena disuelta en él y la nata, y se mantiene en el fuego durante unos diez o quince minutos más.

Ropa vieja

Esto es lo que hacemos en casa con la carne del cocido. El cocido es siempre bien recibido, pero la ropa vieja es una fiesta. Por eso cuando hago cocido le pongo bastante carnecita, para luego poder disfrutar de este plato.

Ingredientes

Tan sólo hay que tener carne del cocido y patatas para freír. La carne que he puesto es pechuga de gallina, morcillo de ternera, magro de cerdo y un taco de jamón. El tocinito, aunque le sienta muy bien, lo elimino, por aquello del colesterol. Y cuando guardo la carne para hacer este plato, le añado un poco de caldo del cocido para que luego las patatas estén más jugosas.

Preparación

Se cortan las patatas como para tortilla y se fríen: deben quedar doradas pero no crujientes. Mientras tanto se trocea la carne con las tijeras, eliminando huesecillos o ternillas, y se pone en una sartén, luego se añaden las patatas fritas y se pone todo junto al fuego, añadiendo como media taza del caldo del cocido. Se sala, se saltea y ¡listo!

Se puede acompañar de huevos fritos y/o pimientos verdes fritos.

Cebollitas rellenas

Éste era uno de mis platos preferidos desde siempre y de los primeros que aprendí a preparar. Puede parecer un poco laborioso, pero en realidad tiene casi el mismo trabajo que unas albóndigas, y está muchísimo más rico. Sólo hay que buscar unas cebollitas pequeñas.

Ingredientes

10 cebollas pequeñas

2 ó 3 dientes de ajo

600 g de carne picada de cerdo

Pan rallado y perejil

2 huevos

Sal y pimienta

Unas hojas de laurel

Aceite

1 vaso de vino de Montilla-Moriles

Preparación

Este plato se prepara con cebollas que sean pequeñas, algo más grandes que un huevo.

En primer lugar se ponen a cocer las cebollas y se dejan hervir unos quince minutos. Éste es el tiempo necesario para que queden blanditas. Se refrescan en agua fría y se les hace un corte en el extremo de las raíces para así sacar con facilidad las distintas capas de cada cebollita (de dos a tres por cebolla, porque las del centro son demasiado pequeñas para rellenar).

Entre tanto se prepara la carne del relleno mezclándola con un poco de pan rallado, perejil picado, sal y pimienta, y un poco de huevo batido para que ligue bien. Y con este preparado se rellenan las cebollas con cuidado de no romperlas. Con toda la cebolla restante y los dientes de ajo se hace un sofrito, que se pasa por la batidora y se reserva (la cebolla previamente cocida le da un puntito especial a la salsa). Después se fríen las cebollitas ya rellenas y se van poniendo en una cazuela.

Y ya sólo queda el paso final: añadir un poco de aceite y el vino, dejar hervir unos minutos y añadir el sofrito que estaba reservado, un poco de agua, el laurel, salpimentar y dejar a fuego medio hasta que reduzca la salsa. A este plato le sienta muy bien añadirle unas hebras de azafrán, que lo aromatizan suavemente y le dan un aspecto dorado y apetecible.

Y las que quedan se guardan en una fiambrera en el congelador. Merece la pena hacer en cantidad, porque congelan estupendamente.

Flamenquines

Éste es un plato típico de Córdoba y también de Jaén. Se trata de filetes de lomo de cerdo enrollados y rellenos de jamón, aunque también hay quien los hace de pollo o de ternera. Rara es la carnicería de Córdoba que no los tiene ya preparados, pero siempre están mejor los caseros.

Ingredientes

15 filetes de lomo ibérico

300 g de jamón entreverado

2 dientes de ajo

1 manojo de perejil

Zumo de limón

Huevo, harina
y pan rallado para rebozar

Aceite de oliva para freír

Preparación

Se parten los filetes no muy gordos, y se extienden con la maza de cocina hasta que queden bien finos.

Cuando están todos majados, se ponen a macerar con zumo de limón, ajo picado y perejil durante un par de horas.

Se les quita el ajo y la mayor parte del perejil, y se rellenan con las tiras de jamón, enrollándolos con cuidado. Es importante que sea un buen jamón, y que esté entreverado, para que queden más jugosos.

Se rebozan pasándolos por harina, huevo y pan rallado, y se fríen en una sartén con abundante aceite de oliva. Se secan sobre papel de cocina para que pierdan el exceso de aceite, y a la mesa.

Pechugas a la cerveza

Ésta es una receta de mi madre. Todo lo que ella cocina está tan bueno como esta carne.

Ingredientes

6 medias pechugas

1 lata de cerveza

½ vasito de brandy

Aceite de oliva virgen extra

3 cebollas medianas y 2 dientes de ajo

3 cucharadas de tomate frito casero (■ ver pág. 63)

Sal y pimienta

Preparación

Se cubre el fondo de una sartén con aceite y se añade la cebolla y el ajo bien picados. Se deja que poche a fuego lento hasta que quede trasparente, y antes de que empiece a dorar, se añaden las pechugas y se rehogan hasta que estén doradas. Se añade el brandy y se flambea. Cuando se apaga la llama, se añade la cerveza, el tomate frito y un poco de sal y pimienta.

Se deja cocer a fuego lento y tapadas, y cuando la carne está tierna y la salsa reducida, se rectifica de sal, si hiciera falta, y se apartan del fuego.

Congelan muy bien, por lo que se puede hacer en cantidad y guardar para otro día.

Rulitos

Ingredientes

Para los rulitos:

1 kg de carne picada

Un poco de pan rallado

Un puñado de hojas de perejil

De 2 a 3 huevos

1 vaso de vino blanco Montilla-Moriles

Sal y pimienta

Para la salsa:

Aceite de oliva virgen extra

1 cebolla grande

2 dientes de ajo

2 hojas de laurel

Preparación

Me gusta hacer los rulitos con carne de cerdo, aunque se pueden hacer con ternera o poniendo mitad cerdo mitad ternera.

En un bol se mezcla bien la carne picada con el perejil, el huevo y el pan rallado, en cantidad suficiente para poder formar las albóndigas, se sazona con un poco de sal y pimienta, y se reserva.

En una sartén adecuada, se calienta aceite y se pone a freír la cebolla y los dientes de ajo, y cuando están dorados, se pasan al vaso de la batidora para triturar con un poco de agua. Este majado también se reserva.

En el mismo aceite se fríen los rulitos. Me gusta mojarme las manos en vino blanco de cocina para hacerlos. De ese modo están más ricos y se hacen más fácilmente. Se fríen por tandas y se van poniendo en una cacerola.

Cuando están todos los rulitos, se añaden unas cucharadas del aceite donde se han frito y un vaso de vino blanco, se deja a fuego fuerte unos minutos, y cuando se ha perdido el alcohol, se añade el majado de cebolla y ajo que estaba reservado.

Se cubren de agua, se añade un poco de sal y pimienta y las hojas de laurel, y se deja a fuego medio hasta que se queda reducida la salsa.

Lomo en manteca

*«Siendo lomo
de todo como»...*

*Así es como lo hacían en
casa de mi madre en la
matanza, y como yo lo sigo
haciendo sin matanza,
sólo hay que comprar unas
cintas de lomo y la manteca,
y luego meterse en faena.
Aunque es latosillo, vale
la pena hacerlo, porque se
conserva bien todo el año
y está muy rico. Se puede
tomar de muchas maneras,
hoy con huevo frito y tomate,
y es un ingrediente de lujo
para hacer croquetas
(■ ver pág. 37).*

Ingredientes

Cinta de lomo
de cerdo ibérico

Manteca de enjundia

Sal

Agua

Preparación

Para hacer este lomo es aconsejable usar la manteca de las enjundias, o de pella, porque es la de más calidad. Se limpia bien la cinta de lomo y se hacen trozos grandes del mismo tamaño, de unos 8 cm, y se ponen en un perol grande junto con la manteca y se cubre de agua. Por cada ocho trozos de lomo de este tamaño se pone un puñado de sal, unos 40 g, y la cantidad de manteca necesaria como para que quede cubierto.

Se pone a fuego medio y cuando se ve que la carne está hecha, se sube a fuego vivo y se mueve con cuidado hasta que se ha evaporado todo el agua y queda sólo la carne con la grasa. Se nota porque la carne empieza a freír y se pone dorada.

En este momento se saca el lomo, se filtra la manteca, y de nuevo se pone al fuego en un perol limpio. Se mueve con cuidado porque tiende a agarrarse en el fondo, y cuando el lomo esté bien dorado y frito, se va colocando en un recipiente perfectamente seco, se filtra de nuevo la manteca y se cubre con ella el lomo; de este modo se conservará durante meses.

Menudillo de lomo

Menudillo o zurrapas... con esta manteca enriquecida con trocitos se hacen unas tostadas que son un auténtico manjar de dioses.

Preparación

Sólo es necesario contar con esas zurrapas de haber frito el lomo y un poco de manteca. Los trocitos de lomo quedan bastante salados, por eso hay que añadir manteca caliente y derretida y luego ir probando hasta conseguir el punto de sal perfecto.

Luego se deja enfriar y se va moviendo para que los restos de lomo queden repartidos por la manteca de manera uniforme.

Picantones en escabeche

La carne en escabeche se puede tomar tanto fría como a temperatura ambiente, y se conserva muy bien, de modo que se puede tener preparada con algunos días de antelación.

Ingredientes

2 picantones

2 cebollas grandes

2 dientes de ajo

4 zanahorias

1 vasito de vinagre

1 vasito de vino blanco

1 vasito de aceite

1 ramito de perejil

Sal y pimienta negra en grano

2 hojas de laurel

Preparación

Se limpian bien, quitando plumas y vísceras. Se salpimentan y se doran en el aceite, y a continuación se ponen en una olla con todos los ingredientes: el vinagre, el vino y el aceite, la cebolla partida en rodajas finitas, la zanahoria cortada al gusto, el ramito de perejil, el ajo, el laurel, unos granos de pimienta y un poco de sal, y se deja cocer hasta que la carne está blandita. Si la carne está aún dura y se ha consumido el líquido, hay que añadir agua caliente hasta que el guiso esté en su punto.

Se sirven con la cebolla y las zanahorias con las que se ha hecho el escabeche.

Picadillo de chorizo
Prueba de matanza

La prueba de matanza es un picadillo de carne aliñado para hacer chorizo. En la matanza es obligado hacer esta prueba para comprobar que el aliño está en su punto. Yo lo hago sin propósito de embutirlo en tripa, para tomarlo en montadito, simplemente salteado o usarlo en guisos de legumbres o pasta.

Ingredientes

2 kg de abanicos de ibérico picados

1 cabeza de ajo asada

Sal

Pimienta

Pimentón de La Vera

Aceite de oliva

Preparación

Para hacer esta receta he utilizado una parte del cerdo ibérico que se conoce como «abanicos». Es una pieza que tiene muy poca grasa. Si no se encuentra cerdo ibérico, se puede hacer también con magro normal picado.

Se comienza por limpiar la carne de grasa y picarla. A mí me gusta ponerle el ajo asado, como hacía mi madre; se puede asar en el horno convencional, pero en el microondas es mucho más rápido: se corta la cabeza de ajo por la mitad y se pone unos minutos en el micro a máxima potencia hasta que quedan asados y blanditos. Así es fácil quitar la piel para posteriormente hacer un puré con el ajo.

En un bol se pone la carne picada, pimentón al gusto, sal y pimienta, y el ajo asado. Se mezcla todo hasta que se integren bien los aliños. Como mejor se hace esta mezcla es con la mano, pero como el pimentón tiñe mucho, es aconsejable usar guantes. Se saltea una pequeña cantidad en una sartén para comprobar si hay que rectificar o está de nuestro gusto. Cuando se encuentre el punto de aliño que nos parece rico, ya está listo.

Sólo hay que calentar una sartén al fuego y saltear la cantidad que se va a consumir; necesita muy poco aceite, sólo pincelar la sartén, porque se hace sólo con su grasa.

Y el resto se guarda en el congelador en pequeñas porciones.

Rabo de toro

En Córdoba se puede encontrar este plato en cualquier restaurante y lo hacen rico en todos ellos, y por supuesto es un plato habitual en las casas.

Ingredientes

1 rabo de toro (viene ya cortado en trozos)

2 tomates maduros

2 dientes de ajo

1 pimiento rojo

1 vaso de vino fino de Montilla-Moriles

1 vaso de aceite de oliva

Un poco de harina

1 rebanada de pan

Sal y pimienta

Unas hojas de laurel

Preparación

En una cazuela se pone la mitad del aceite y cuando esté caliente, se doran los trozos de rabo, previamente enharinados. Una vez bien rehogados, se añade la mitad del vino y agua suficiente para que quede bien cubierto. Se deja al principio con el fuego fuerte para que arranque a hervir, y luego se tapa la cazuela y se pone a fuego medio o suave, el tiempo suficiente para que la carne se ponga tierna. Si fuera necesario, se añade algo más de agua caliente y se tiene más rato al fuego.

Mientras se estofan los rabos, se pone en una sartén el resto del aceite y se fríe el pimiento rojo troceado y cuando ya esté a medio hacer se añaden los ajos picados y luego los tomates y la rebanada de pan. Por último se añade el resto del vino, unas hojas de laurel y un poco de pimienta, y se deja cocer todo unos minutos.

Este sofrito se pasa por la batidora y se añade al guiso de carne. Se remueve todo bien, se sala y se deja cocer a fuego muy suave unos veinte minutos, removiendo de vez en cuando para evitar que se agarre.

Se podría hacer en olla rápida, sólo hay que adaptar los tiempos, aunque estos guisos parece que están más ricos si se hacen al chup-chup.

Pescados y mariscos

Lubina a la sidra

La lubina o róbalo es un pescado que apenas tiene espinas, y se caracteriza por su sabor suave y delicado. Admite muchas formas de preparación: al horno, estofada con verduras, a la plancha... pero cocinada a la sidra es un plato muy rico, porque la sidra le da un toque de sabor muy particular.

Ingredientes

1 lubina salvaje

250 g de chirlas

2 patatas

2 cebollas rojas

2 dientes de ajo

1 manzana

1 vaso de salsa
de tomate casera

1 pimiento choricero

1 vaso de sidra

Aceite virgen extra

Sal y pimienta

1 vaso de caldo
de pescado o agua

Preparación

Hay que pedir en la pescadería que limpien y troceen la lubina.

En una sartén con un poco de aceite se ponen a dorar los dientes de ajo y la cebolla, y se deja que se cocinen a fuego moderado. Cuando ha pochado la cebolla, se añade la manzana picada, la carne de pimiento choricero, el tomate y la sidra. Se deja que cueza a fuego suave durante unos quince minutos. Luego se tritura y se reserva.

Se pone un poco de sal y pimienta a los trozos de la lubina y se incorporan a la salsa reservada con un poco de caldo de pescado y las almejas, y se deja que se cocine a fuego suave durante unos minutos. Este pescado se hace enseguida, y es importante no pasarse de tiempo de cocción: cuando se abren las almejas, el pescado está también hecho.

Para cocinar un pescado tan rico como éste es siempre mejor hacerlo con caldo de pescado, por eso es aconsejable hacerlo para aprovechar cabezas y espinas, y tener de reserva en el congelador.

Se puede acompañar de unas patatas nuevas al vapor.

Calamares en su tinta

Ésta es una receta de Carmen la Vieja, una cocinera que había en casa de mi abuela cuando yo era pequeña y que cocinaba como los ángeles.

Ingredientes

1 kg de calamares

Tinta de calamar congelada

10 cebollas chiquitas o 2 grandes

Aceite de oliva virgen extra

50 g de almendras crudas

Sal y pimienta

2 dientes de ajo

Perejil

Preparación

Se limpian los calamares, quitando las vísceras y la piel, se lavan bien bajo el grifo, se trocean y se reservan. También se pica el ajo y el perejil muy menuditos y se reservan.

Se pone aceite en una sartén para pochar la cebolla bien picada y antes de que empiecen a dorarse se añaden los calamares, junto con el ajo y el perejil también picados, y todo se saltea con las cebollas. Se añade la pimienta recién molida y las almendras ralladas, medio litro de agua templada y un poco de sal, y se deja hervir hasta que los calamares están tiernos.

Antes de servir se rectifica de sal y se le añade la tinta. Para esta cantidad puede usarse dos bolsitas de tinta congelada, mucho más cómodo que sacar la del propio calamar.

Bacalao a la vizcaína

Cuando mi madre hacía una comida especialmente rica, a mi padre le encantaba escribirme la receta. Ésta es una de ellas, un bacalao muy rico y muy fácil de preparar.

Ingredientes

1 lomo de buen
bacalao salado

1 cebolla grande

2 dientes de ajo

2 pimientos rojos asados

1 tomate

1 cucharada de harina

Aceite de oliva virgen extra

Preparación

En primer lugar hay que desalar el bacalao dejándolo en remojo durante unas 24 horas, cambiando el agua con frecuencia, para conseguir el punto adecuado de sal.

Se pone al fuego en un cazo con el agua fría, y cuando empieza a hervir se retira. Entre tanto se cubre el fondo de una sartén con un poco de aceite de oliva, se pocha la cebolla cortada en trocitos pequeños, y cuando empieza a dorar se añaden los ajos, los pimientos y el tomate, y, cuando está hecho el sofrito, la cucharada de harina, que se debe tostar un poco.

Se añade al sofrito un poco del agua de haber cocido el bacalao, como dos cazadas... y se deja hervir a fuego suave. Este agua tiene la gelatina y el sabor del bacalao, y será la que le dé el puntito de sabor al guiso. Cuando la salsa está trabada, se añaden los trozos de lomo de bacalao sin espinas, y se tienen muy poco rato al fuego, sólo lo justo para calentarse y que tome el sabor del sofrito, y listo para servir.

Almejas a la marinera

Un plato muy sencillo y que se prepara en poco tiempo. Imprescindible es conseguir unas buenas almejas, que estén vivas antes de cocinarlas, y bien depuradas, para no encontrar arena en el fondo de la salsa, y un buen pan para mojar en la salsa.

Ingredientes 1

750 g de almejas

Un poco de aceite

4 dientes de ajo

Pimentón

½ vaso de vino blanco

1 cucharada de harina

Perejil

Ingredientes 2

1 kg de almejas

1 cebolla mediana

1 vaso de vino Albariño

1 cucharadita
de pimentón de La Vera

Un poco de aceite
de oliva virgen extra

Perejil muy picado

Preparación de la primera receta

Se pone al fuego la sartén con el aceite y los ajos; cuando empiezan a dorarse se añade la harina y se fríe un poco. Se incorporan las almejas y el vino, y luego el pimentón, y se deja cocer a fuego vivo hasta que se abren y la salsa queda ligada. Por último, a la hora de servir, se le pone una rociada de perejil picado.

Preparación de la segunda receta

Se pone a pochar la cebolla bien picada en una sartén amplia con el fondo cubierto con aceite de oliva. Cuando empieza a tomar color se añaden las almejas, y el pimentón, se saltea unos segundos y rápidamente se añade el vino.

El fuego debe estar vivo, para que se abran bien las almejas, se marean con el vino, y se tapa unos minutos la sartén. Por último se añade perejil picado.

Bacalao al gratén

*Con algunas variantes,
ésta es mi versión
del bacalao al gratén de
la Marquesa de Parabere.*

Ingredientes

400 g de bacalao

½ limón

1 cucharada
sopera de leche

125 g de queso Parmesano
recién rallado

75 g de mantequilla

Para la bechamel:

¼ l de leche

4 cucharadas soperas
de aceite de oliva

2 cucharadas
soperas de harina

½ cebolla

150 g de buen jamón
cortado en pequeño

Sal

Para el puré de patatas:

½ kg de patatas

50 g de mantequilla

2 yemas de huevo

Sal y pimienta

Preparación

Esta receta es ideal para aprovechar las piezas más delgadas del bacalao. Se trata de lascas de bacalao entre dos capas de bechamel, coronado con puré de patatas y gratinado al horno.

El bacalao:

Se pueden usar los trozos más delgados del bacalao. Se pone a desalar durante 24 horas, cambiando el agua al menos cada doce horas.

Cuando está desalado, se pone en una cacerola, se cubre con agua fría y se añade el zumo de medio limón y una cucharada de leche. A continuación se pone a fuego suave para que el calor vaya penetrando lentamente, y cuando empieza a hervir, se apaga el fuego y se tapa, para que termine de hacerse (si hierve se endurece y se pone estropajoso).

Se conserva en el agua templada hasta el momento de montar el plato. Entonces es cuando se quita la piel y las posibles espinas, y se sacan las lajas limpias.

La bechamel:

En una sartén, se calienta el aceite de oliva, y se deja pochar la media cebolla troceada. Cuando empiece a tomar color, se retira. En este aceite se tuesta la harina, se añade el jamón, y por último la leche. Se sala ligeramente y se mantiene en el fuego moviendo continuamente hasta que queda hecha la bechamel.

El puré de patatas:

Se cuecen las patatas el tiempo suficiente como para que queden tiernas, pero que no queden ▸

aguadas. Se escurren y se pasan por un pasapuré. Se ponen de nuevo al fuego en una cacerola y se añade 50 g de mantequilla en trocitos. Se bate enérgicamente y por último se añaden las dos yemas de huevo. Si resulta demasiado espeso, se puede corregir con un poco de leche. Se sazona al gusto (sal, pimienta, nuez moscada...) y se pone en una manga pastelera con boquilla rizada.

Preparación del plato:

1. Con la mitad de la bechamel se cubre el fondo de una fuente de horno.

2. Sobre la bechamel se colocan las lascas de bacalao, sin piel ni espinas.

3. Se cubre con el resto de la bechamel y se corona con puré de patatas.

4. Se cubre con la mantequilla en daditos y el queso rallado, cuidando que no llegue al puré de patatas y se gratina en el horno. Cuando empieza a tomar color, se retira y se sirve.

5. El resto del puré de patatas se gratina igualmente y se sirve aparte.

Urta a la roteña

*La «Urta», «Hurta» o «Sama roquera» (**Pagrus auriga**) es un pez frecuente en la costa gaditana que vive en los fondos cercanos a la costa, en zonas rocosas o mixtas de arena y roca. Tiene ese sabor intenso a mar de los pescados de roca. La urta a la roteña es un plato típico de la gastronomía gaditana que está riquísimo.*

Ingredientes

1 urta de 2 kg

5 tomates maduros

2 cebollas

1 diente de ajo

3 pimientos verdes

1 pimiento rojo

½ vaso de Fino de Jerez

Un poco de aceite de oliva

Harina de pescado

Sal y pimienta

Preparación

En la pescadería le quitan las escamas y vísceras y la trocean.

Se escaldan los tomates un minuto en agua caliente para pelarlos con facilidad y se trocean en daditos.

Mientras se pone una sartén al fuego con aceite de oliva y se fríen los trozos de urta previamente enharinados. Se retira el aceite sobrante y se deja el suficiente como para hacer el sofrito con la cebolla y el diente de ajo finamente picados. Antes de que empiece a dorar, se añaden los pimientos troceados en pequeño, y pasados unos minutos, se añaden los tomates y el vino y se salpimenta al gusto.

En una fuente apta para el horno, se pone el sofrito y también los trozos de urta, y se hornea durante unos minutos a 180 ºC.

Morrillo de atún encebollado

El morro o morrillo es una de las piezas más exquisitas del atún y además muy fácil de preparar: se puede tomar a la plancha hecho simplemente vuelta y vuelta, o al horno... y encebollado está riquísimo. El morrillo es una pieza pequeña, muy parecida en la forma a un solomillo de cerdo, aunque algo menor de tamaño.

Ingredientes

3 morrillos de atún

Aceite de oliva
virgen extra

3 cebollas

1 copa de brandy

1 tacita de caldo
de pescado o de agua

Un poquito de orégano

Sal y pimienta

Preparación

Se cubre con aceite el fondo de una sartén amplia, se pone al fuego con la cebolla cortada y se deja pochar a fuego suave. Cuando empieza a tomar color, se sube el fuego y se añaden los morrillos, se saltean y se marcan bien por todos lados, se añade la copa de brandy y se flambea: esto le da un puntito estupendo.

Cuando se consume la llama, se añade la tacita de caldo de pescado (o de agua), se salpimenta y se deja consumir el caldo a fuego moderado; esto dura pocos minutos, y no se debe prolongar la cocción, porque no necesita mucho rato al fuego. Poco antes de apartarlo se le añade una rociadita de orégano y ya está listo para servir.

Merluza en salsa roja

Ésta es otra de esas recetas de mi madre que a mi padre le encantaba escribirme cuando había disfrutado de la comida. Guardo un puñado de estas recetas ricas de casa. A él le encantaría este libro.

Ingredientes

4 rodajas de merluza de la parte central

300 g de pimientos rojos

2 tomates maduros

1 cebolla

2 dientes de ajo

Aceite y sal

Preparación

Se sazonan con un poco de sal las rodajas de merluza y se reservan.

Se filetea la cebolla y se fríe en aceite, junto con los dientes de ajo partidos por la mitad. Cuando se hayan dorado, se agregan los pimientos limpios de semillas y cortados en tiras, los tomates pelados, sin semillas y troceaditos, se sazona y se continúa cociendo hasta que el tomate esté hecho.

Luego se pasa el conjunto por un chino y se recoge la salsa en una cazuela. Las rodajas de merluza se introducen unos minutos en el horno y luego se pasan a la cazuela, cubriéndolas con la salsa que ésta contiene y acabando la cocción a fuego suave.

También pueden prepararse rebozando las rodajas en harina y se fríen en sartén a fuego suave, y se cubren luego con la salsa y dejándolas cocer un poco en ella para que tomen sabor.

A la receta original, le he cambiado algunas cosas:

- He puesto pimientos de piquillo, porque me gusta más su sabor.
- En lugar de rodajas preparé lomos de merluza congelados. Si se descongelan correctamente, dan muy buen resultado en la cocina.
- Y directamente puse la merluza sobre la salsa sin más, sin pasarla por el horno y sin freír. Hizo toda la cocción en la salsa, y se impregnó más de su sabor.
- Hay que tener en cuenta que la merluza está hecha en pocos minutos.

Ensaladilla de gambas

*Es un plato sencillo
y nada sofisticado,
pero exquisito, y si se hace
con gambas blancas
de Huelva, mucho mejor.*

Ingredientes

Para la ensaladilla:

750 g de patatas

750 g de gambas

mayonesa

Sal

Para la mayonesa:

2 huevos

½ l de aceite de girasol

Sal

El zumo de 1 limón

Un poco de agua
de cocer las patatas

Preparación

Se cuecen las patatas troceadas en agua con sal, y cuando están tiernas se cuelan y se reservan. En un vaso se guarda una poquita del agua de cocerlas, para añadir luego a la mayonesa.

Las gambas se pueden comprar cocidas, pero si están crudas se cuecen de la manera siguiente: se pone una olla al fuego, con abundante agua y también se prepara un recipiente con abundante agua, un puñado de sal y cubitos de hielo.

Cuando el agua de la olla esté hirviendo se echan las gambas, y cuando el agua empieza a hervir de nuevo, se apartan del fuego, se sacan y una vez escurridas se echan en el recipiente que tiene el agua con hielo y la sal, y ahí se mantienen entre uno y dos minutos. Después se sacan y se escurren bien.

Cuando las gambas están cocidas, se pelan y se reservan.

Se hace una mayonesa espesa, batiendo los huevos con el limón, la sal y el aceite, que se añade poco a poco, y se aclara un poco con medio vaso del agua de cocer las patatas.

Y por último se mezclan las patatas, las gambas (reservando algunas para decorar) y la mayonesa.

Alcachofas de casa

Hay muchas maneras de preparar las alcachofas, pero en casa nos gusta la alcachofa con sabor a alcachofa, sin nada que distraiga su sabor, ni el limón de blanquearlas, ni los ajitos fritos, ni el jamón, ni el vino. Ésta es la receta que se hacía en casa de mi madre y de mi abuela, y el resultado es un plato poco vistoso, pero exquisito. Sólo hay que escoger unas alcachofas que sean de calidad y tiernas.

Ingredientes

Alcachofas que sean pequeñas y tiernas

Aceite de oliva virgen extra

Agua y sal

Preparación

Se limpian las alcachofas quitando toda la parte dura. Se ponen un poco negras, porque se oxidan enseguida, pero eso no importa. Eso sí, es aconsejable usar guantes porque las manos se ponen igualmente negras.

Se pone a fuego muy suave una sartén con aceite de oliva virgen extra y se van confitando las alcachofas hasta que tomen un tono dorado. Es importante que el aceite no esté muy caliente, y que el fuego sea muy suave, de ese modo las alcachofas se van haciendo lentamente y quedan en el punto perfecto. Si el aceite está más caliente, se doran por fuera y no quedan bien hechas por dentro.

Cuando están doradas, se van poniendo ordenadas en una cacerola, y cuando están ya todas confitadas y en la cacerola, se añade un poco del aceite de la sartén, se cubren de agua y se añade un poco de sal, y se dejan cocer medio tapadas hasta que se consuma el agua y se queden en el aceitito.

Las mejores alcachofas se dan en primavera, y como este plato congela muy bien una vez preparado, vale la pena aprovechar la temporada y guardar algunas en el congelador para cuando ya no se encuentran en el mercado.

Chalotas y champiñones al vino tinto

Éste es un plato recomendado para los amantes de la verdura. Está rico sin más, pero también se puede servir como guarnición de carne o pescado... o como acompañando una rica pasta al ajillo.

Ingredientes

500 g de champiñones no muy grandes

500 g de chalotas

1 cebolla

1 tomate maduro

2 dientes de ajo

200 ml de vino tinto

1 ramita de romero fresco

2 hojas de laurel

Un poco de perejil picadito

Aceite de oliva virgen extra

Sal y pimienta

Preparación

Se lavan bien los champiñones, se parten por la mitad o en cuartos, se saltean en un poco de aceite bien caliente y se reservan.

En una sartén se pone un poco de aceite para hacer un sofrito con la cebolla «normal» bien picada, y antes de que se empiece a dorar se añade el ajo finamente picado. Y cuando está ya dorado, se añade el tomate, pelado y cortado en dados pequeños. Se añade una rama de romero fresco, el perejil y las hojas de laurel, y se deja hacer a fuego lento.

Mientras se hace el sofrito, se cuecen las chalotas en una cacerola cubiertas de agua. A los diez minutos se apartan del fuego, se refrescan y se limpian de las capas de fuera. Se saltean en una sartén con un poco de aceite bien caliente y se reservan.

Cuando está el sofrito en su punto, se añaden las chalotas y los champiñones que estaban reservados. Se aderezan con el vino tinto, sal y un poquito de pimienta blanca recién molida.

Se deja cocer primero unos minutos a fuego vivo para que se consuma el vino y luego con la cazuela tapada y a fuego lento para que las verduras queden bien estofadas.

Menestra de la abuela

Así preparaba la verdura mi madre, por eso ésta fue una de las primeras recetas que yo anoté en mi libreta de cocina, y también es uno de los primeros platos que aprendí a cocinar. Cuando apenas tenía conocimientos ni recursos culinarios, ésta era para mí una receta comodín: cambiaba de verdura y cambiaba el plato: menestra, coles de Bruselas, judías verdes... ¡Me parecía pura magia!

Ingredientes

400 g de menestra
de verduras congelada

½ cebolla

1 diente de ajo

½ vaso de vino
de Montilla-Moriles

1 vaso de tomate
frito casero
(■ ver pág. 63)

1 cucharadita de pimentón
dulce de La Vera

Aceite de oliva virgen extra

Sal y pimienta

Preparación

He utilizado una bolsa de menestra congelada, que es un buen recurso para cuando no se tiene tiempo de pasar por la frutería. Siguiendo las instrucciones del fabricante, las he cocido en el microondas con un poco de sal, directamente, del congelador al micro. Sólo hay que hacerlas el tiempo que indica en el paquete y quedan en su punto: al dente, no se debe dejar muy pasada porque todavía tiene que hacerse con la salsa.

Se puede cocer igualmente en un cazo con agua salada, durante el tiempo necesario para que quede hecha y sin pasarse.

Se cubre con aceite el fondo de una sartén y se pocha la cebolla cortada en juliana, y el ajo finamente picado. Cuando empieza a tomar color se añade la verdura y se rehoga durante unos minutos. Cuando se ha salteado bien, se añade el tomate frito casero y luego el vino. Se aderiza con el pimentón, un poco de sal y pimienta, y se deja que evapore el alcohol y se saltea para que toda la verdura quede bien impregnada de la salsa de tomate. Si se ve demasiado trabada la salsa, se le añade un poquito de agua, para que la verdura quede suelta. Se comprueba de sal, y listo.

Un plato sencillo y muy resultón. Como plato único está muy buena, y también sirve como guarnición de carnes. Con huevo frito, hummm, qué rica, lo mismo que si se le añaden unos trocitos de chorizo.

Tomate revuelto con huevo

Éste es uno de los platos que siempre se hacían en verano en casa de mi madre y que a mí me encanta, porque lo asocio a esos momentos felices de la infancia.

Ingredientes

Tomate frito casero
(■ver pág. 63)
o una lata grande
de tomate natural

Huevos

Aceite de oliva

Un poquito de sal

Preparación

En esta receta me cuesta decir cantidades, porque admite lo que se quiera, con más o menos huevo y con más o menos tomate.

Lo ideal es partir de un buen tomate frito casero, pero si resulta complicado hacerlo con tomates frescos, se puede preparar partiendo de una lata de tomate triturado.

Simplemente se pone el contenido de la lata en la olla a presión con un par de cucharadas soperas de aceite y una cucharadita de sal, se pone al fuego y se deja de cinco a diez minutos, depende de cada olla. Pasado este tiempo, se abre la olla y se comprueba si el tomate ha perdido el agua y está bien hecho.

Este tomate se puede aromatizar dorando unos ajos o un poco de cebolla en el aceite antes de poner el tomate.

A continuación se pone una sartén al fuego con el fondo untado de aceite, se calienta el tomate y se añaden los huevos batidos. Se mueve como si fueran huevos revueltos, se prueba de sal, y éste es el resultado: cambia de color, el rojo intenso se vuelve anaranjado. Se puede acompañar de patatas chips, de picatostes o incluso servir en tartaletas.

Gratinado sorpresa de coliflor

Bueno, aquí ya deja de ser sorpresa; se trata de una coliflor cocida, cubierta con unas lonchas de jamón y queso, y una capa de bechamel clarita, un poco de queso rallado y luego gratinada en el horno. Pero cuando llega a la mesa, sí es una sorpresa, porque no se sabe lo que hay debajo de esa capa dorada de bechamel y queso.

Ingredientes

1 coliflor
(el tamaño depende
del nº de comensales)

Jamón York cortado
en lonchas finitas

Queso Emmental

Queso Grana Padano

Bechamel de cobertura:
2 cucharadas de harina

4 cucharadas de aceite

½ cebolla

½ l de leche

Sal y nuez moscada

Preparación

En primer lugar se cuece la coliflor en una olla con agua suficiente como para que quede cubierta. También se puede hacer al vapor. Se trocea y se pone en una fuente que resista el horno. Se cubre con una capa de jamón York, y otra de queso Emmental. Se reserva mientras se hace la bechamel.

Para hacer la bechamel, se calienta el aceite en una sartén, y se fríe a fuego lento un trozo de cebolla. Cuando está dorada se retira, de este modo el aceite queda perfumado con el sabor de la cebolla. Se añade la harina, para tostarla un poco y que pierda el sabor a crudo, y a continuación se añade la leche, la sal y un poco de nuez moscada, y se mueve hasta que queda hecha la crema.

Se cubre con ella la fuente reservada, se añade el Grana Padano recién rallado y se gratina hasta que esté dorado.

Cardos con langostinos y almejas

Éste es un plato fácil y muy rico, el único problema para mí es mi pinche chico, que le tiene puesto veto a algunas verduras, pero el día que come fuera de casa, nosotros nos desquitamos.

Ingredientes

1 cardo o 1 bote
de cardos en conserva

2 dientes de ajo

300 g de almejas

8 langostinos

Aceite de oliva

1 cucharada
de harina de trigo

Zumo de 1 limón

½ vaso de vino blanco de
Montilla-Moriles

Un poco de sal

Preparación

En primer lugar hay que limpiar los cardos, quitando bien los hilos, se trocean y se van poniendo en un bol con agua y zumo de limón, para que no se pongan negros. Se pone una olla al fuego con agua ligeramente salada, y, cuando empiece a hervir, se cuecen en ella los cardos. Hay que dejarlos hasta que estén tiernos.

Cuando están tiernos, se escurren en un colador y se reserva un vaso del agua de cocción.

Este primer paso se puede suprimir y sustituir directamente por un bote de cardos en conserva, todo depende del tiempo que tengamos para estar en la cocina o de encontrarlos en el mercado.

Se calienta una cazuela en el fuego con un poco de aceite de oliva y se añaden los dos dientes de ajo picados en pequeño y cuando empiezan a dorar, se añaden los cardos. Cuando están rehogados, se añade el vino, y cuando ha evaporado el alcohol, se pone una cucharada de harina y el vaso de agua de cocer los cardos, y se mueve todo el tiempo con una cuchara de palo.

Por último, se añaden las almejas y los langostinos. Se deja cocer unos minutos, justo para que se abran las almejas y se hagan los langostinos, se corrige de sal, y listo.

Salmorejo

Éste es un plato cordobés y veraniego, y como todas las recetas populares, se hace de un modo distinto en cada casa, pero el resultado siempre es el mismo: un plato muy rico que se toma fresquito y que en el verano sienta de maravilla.
Yo le pongo poco ajo, casi nada, y lo acompaño de jamón ibérico picadito y huevo duro, pero al salmorejo le sientan bien muchas cosas, como por ejemplo, las berenjenas fritas, la manzana a daditos, las patatas chips o unas lonchas de bacalao ahumado.

Ingredientes

1 kg de tomates maduros
200 g de pan del día anterior
250 ml de aceite de oliva
Sal y vinagre
1 diente de ajo (opcional)

Preparación

Se pone el pan troceado en la batidora y se añaden los tomates pelados y troceados, el resto de ingredientes líquidos para mojarlo y el diente de ajo y la sal. Se bate hasta que esté todo bien triturado.

Si se hace con un robot de cocina, tipo Thermomix o Mycook, se ponen en el vaso los tomates lavados y una puntita de diente de ajo, y se tritura en velocidad progresiva hasta que se hace un puré. Luego se añade el pan troceado, el vinagre y la sal, y el aceite se va añadiendo poco a poco, para emulsionarlo con el puré de tomate y conseguir una crema homogénea. A diferencia del gazpacho, que es líquido, el salmorejo tiene una consistencia similar a una crema de verdura.

Se sirve bien frío, con el acompañamiento elegido y un chorreoncito de un buen aceite de oliva virgen.

Corona de verano

Un plato fresquito y apetitoso para los días de calor: una comida fría y rápida muy buena para época de vacaciones, porque se prepara a primera hora de la mañana y ya nos podemos ir a la playa o la piscina... Está muy rica y preparada en un momento.

Ingredientes

800 g de patatas

Sal y pimienta

50 g de mantequilla (o de aceite de oliva)

4 latitas de atún en aceite

Tomate frito casero (■ ver pág. 63)

Mayonesa casera

Preparación

Se hace un puré de patatas: para ello se ponen a cocer las patatas y cuando están tiernas se trituran y se vuelven a poner al fuego con la mantequilla o el aceite y un poco de sal y pimienta al gusto. Debe quedar un puré espeso y homogéneo.

En un molde de corona se cubre el fondo con la mitad del puré, a continuación se pone el atún troceado y mezclado con un buen tomate frito casero, y por último, el resto del puré. Se deja enfriar un poco y se guarda en el frigorífico hasta la hora de servir.

Luego se desmolda en un plato grande o una fuente redonda y se decora al gusto. Le sienta muy bien una lechuga ligeramente aliñada con vinagreta y se sirve acompañado de mayonesa, a poder ser casera, y de tomate frito, también casero. Tanto el tomate como la mayonesa se sirven en un bol aparte, para que cada uno se sirva a su gusto.

Pipirrana

Ingredientes

½ kg de patatas

½ kg de tomates de ensalada

½ pimiento verde italiano

½ cebolleta o cebolla dulce

400 g de merluza

Aceite, vinagre, sal y pimienta

2 latas de atún en aceite (opcional)

1 hoja de laurel

Preparación

Este plato se puede elaborar de varias maneras distintas: cociendo las patatas y la merluza en una olla o en el microondas, o bien preparándolas al vapor.

Se pelan las patatas y se cortan en lonchas longitudinales de medio centímetro de grosor, se ponen a cocer en una cacerola con un litro de agua, una pizca de sal y una hoja de laurel, unos ocho o diez minutos o hasta que puedas pinchar la patata con un tenedor. Se sacan del agua en un colador y se reservan.

La merluza se cuece en un poco de agua salada o bien se pone unos minutos en el microondas. Cuando está hecha se reserva.

Si se dispone de medios para hacerlas al vapor, este proceso es rápido y tanto la patata como la merluza quedan en un punto perfecto para la ensalada.

Ya sólo queda montar el plato: en una fuente, se cubre el fondo con las patatas cocidas, se pone el tomate cortado a trocitos, el pimiento muy picadito y la cebolla cortada a rodajas, y se cubre con los lomos de merluza.

El toque mágico del plato: un buen chorro de aceite, unas gotas de vinagre y una pizca de sal y pimienta.

También se puede completar con un poco de atún en aceite.

Ensalada molinera

Esta ensalada es uno de los platos que tiene en su carta Bodegas Campos, uno de los mejores restaurantes de Córdoba. Es un plato exquisito, un bacalao confitado sobre crema de naranja y aliñado con aceite de oliva, naranja, cebolla y aceitunas.

Ingredientes

2 lomos de un buen bacalao

1 naranja

Unas aceitunas de ajo

1 cebolla morada

1 huevo cocido

100 g de zumo de naranja

100 g de aceite de oliva suave

Preparación

Se comienza por desalar el bacalao. Yo lo he tenido 24 horas en agua, cambiándola al menos cada ocho horas. Una vez desalado se pone a confitar. Para ello, se pone en una fuente de horno, se riega generosamente con aceite de oliva y se hornea a 160 ºC durante unos veinte minutos aproximadamente. Se saca del horno y deja entibiar para así desprender las lascas del bacalao y eliminar la piel y las posibles espinas. Hasta la hora de montar el plato, se reserva en el aceite.

Para hacer la crema de naranja, se mezclan con la batidora el zumo de naranja y el aceite de oliva hasta conseguir una emulsión homogénea.

Se pela la naranja y se sacan los gajos sin piel y se trocean. Se deshuesan las aceitunas y se trocean. Se cuece el huevo, se pela, se ralla la yema y se reserva. Se sacan unas rodajas finas de la cebolla morada con la ayuda de una mandolina y también se reservan.

Para montar el plato, se coloca la emulsión de naranja en el fondo del plato y sobre ella se ponen las lascas de bacalao, las aceitunas, la cebolla morada, los gajos de naranja y la yema de huevo rallada, y por último se riega con un hilo de aceite de oliva virgen extra.

Magdalenas

Estas magdalenas saben a las magdalenas de mi infancia, porque están hechas con un aceite de oliva suave, en el que se fríe una cáscara de naranja que lo deja más suave y ligeramente aromatizado, y les deja ese inconfundible sabor que tenían las magdalenas cuando todavía no se usaba el aceite de girasol. Éstas son las magdalenas del kilo por kilo, porque de todo se pone un kilo o un litro.

Ingredientes

½ kg de harina de repostería

½ kg de azúcar

½ kg de huevos

½ l de aceite

10 g de levadura de repostería

La raspadura de 2 limones

El zumo de 1 limón

La cáscara de 1 naranja

Preparación

Se pone el aceite al fuego y se fríe la cáscara de una naranja, y luego se deja que se enfríe antes de hacer la masa de las magdalenas.

Se baten las yemas con el azúcar hasta que queda la masa esponjosa, se añade la raspadura y el zumo de limón, y cuando está integrado, se añade el aceite y por último la harina cernida y mezclada con la levadura. Una vez que se incorpora la harina es aconsejable batir sólo lo necesario para hacer la masa homogénea; no importa que quede algún grumito, porque en el horno desaparecerá.

Se baten las claras a punto de nieve y se incorporan a la masa, entremetiéndola con una pala con cuidado de que no se bajen demasiado.

Se pone la masa en las cápsulas de papel se espolvorean con un poco de azúcar y se hornean con el horno no muy fuerte, a unos 170 °C. La cocción suele durar alrededor de media hora. Cuando están doradas, se sacan del horno y se dejan enfriar.

Estas magdalenas son muy jugosas, y quedan mejor en cápsulas grandes, mínimo del nº 8.

Bizcocho Mamá María

Éste es uno de los bizcochos más vistos por los foros de cocina, y no es de extrañar porque sale tan rico y esponjoso, que no necesita más presentación, sólo hay que mirar la foto.

Ingredientes

4 huevos

200 g de aceite

300 g de leche

500 g de azúcar

La piel de 1 limón
(sólo la parte amarilla)

450 g de harina

2 sobres
de levadura «Royal»
(cada sobre tiene 10 g)

Una pizca de sal

Preparación

Se baten las yemas de huevo con el azúcar y la ralladura de limón. Se añade la leche, y cuando se ha integrado bien en la masa, se incorpora el aceite poco a poco, y por último la harina cernida con la levadura y un pellizco de sal. Se mezcla hasta que esté la masa ligada.

Para que los bizcochos queden bien es aconsejable no batir demasiado la masa cuando se incorpora la harina; no importa si queda algún grumito, porque en el horno desaparece.

Por otro lado, se montan las claras a punto de nieve y se incorporan a la masa con movimientos envolventes para que no se baje.

Se vierte el contenido en un molde grande previamente engrasado en aceite y se hornea a 180 °C durante treinta o cuarenta minutos, o el tiempo necesario para que se haga bien el bizcocho.

Para saber si está listo, se pincha con una aguja o brocheta, y si sale limpia, es que el bizcocho está cocido. Se saca del horno y se deja enfriar sobre una rejilla.

Con estas cantidades sale un bizcocho muy grande, pero se puede hacer con la mitad de ingredientes, se hornea en un molde más pequeño para que quede alto y jugoso.

Galletas de nata

Estas galletas tienen un intenso sabor a nata. Lo ideal es hacerlas con nata agria, y así recuerdan a aquellas galletas que se hacían con la nata de la leche que se guardaba cada día para hacer bizcochos, galletas o mantequilla.

Ingredientes

250 ml de nata

250 g de azúcar

2 yemas

De 300 a 400 g de harina

Preparación

Se mezcla la nata con los huevos y el azúcar. Se va incorporando la harina poco a poco hasta conseguir una masa blandita. Conviene no pasarse con la cantidad de harina para que no salgan duras. Se deja reposar la masa en el frigorífico una media hora, y luego se extiende dejando una altura de medio centímetro y se cortan al gusto. Con un cortapastas quedan así de bonitas, con forma de galleta o de rosquilla.

Se pueden cortar también con un vaso pequeño o una copa, o bien se hace un rulo con la masa y se cortan rodajas del tamaño deseado. Se hornean a 180 °C unos quince minutos o hasta que comiencen a dorarse.

Canutillos de crema

Éste es un postre sencillo, rápido y absolutamente delicioso: hojaldre relleno de crema pastelera.

Ingredientes

1 lámina
de hojaldre rectangular

4 yemas y 1 huevo entero

¼ l de nata

¼ l de leche

150 g de azúcar

1 palo de canela

La cáscara de 1 limón

40 g de maizena

1 huevo batido
para pintar los conos

Azúcar glas para decorar

Preparación

Se hacen tiras de hojaldre de un centímetro de ancho con la ayuda de una regleta y un cortapastas.

Con ellas se forran los moldes en forma de cono para hacer el cucurucho con el hojaldre.

Cuando se tienen todos formados, se pincelan con huevo batido y se hornean a 180 °C hasta que están dorados. Se dejan enfriar y se desmoldan con cuidado para que no se rompan.

Mientras tanto se prepara la crema pastelera: se calientan la nata y la leche (menos un vasito) con el palo de canela, la cáscara de limón y el azúcar. En el vasito de leche fría que se ha reservado, se disuelve la maizena. Cuando la leche empieza a hervir, se retira la canela y la cáscara de limón, se añaden las yemas y se bate enérgicamente. Se incorpora la maizena disuelta en la leche y se vuelve a poner a fuego lento, procurando que no llegue a hervir y batiendo hasta conseguir el espesor deseado. Se mete en una manga pastelera y se deja enfriar.

Cuando la crema está fría, se rellenan los conos con la ayuda de la manga pastelera, y antes de servir, se espolvorean con azúcar glas.

Bizcocho genovés

Este bizcocho se usa como base de tartas, para hacer el brazo de gitano o para hacer tartas de varias capas alternando bizcocho con rellenos de crema. Es un bizcocho muy ligero, algo elástico y muy esponjoso, que no lleva levadura, ni grasa (mantequilla o aceite), aunque hay quien le añade mantequilla para hacerlo más sabroso.
Se puede hacer en un molde redondo y alto para abrirlo después y rellenarlo al gusto, o hacer placas de bizcocho finas para formar una tarta de varios pisos o bien hacer una placa para hacer un brazo o rollo relleno.

Ingredientes

4 huevos

150 g de azúcar

150 g de harina

Preparación

Para prepararlo hay que batir los huevos con el azúcar y un poco de calor hasta que dupliquen, o incluso tripliquen, su volumen. Si esto se hace con unas varillas eléctricas, las de montar claras, se tarda menos de cinco minutos, pero si se bate a mano, se necesitan al menos diez minutos.

Se ponen los huevos en un cuenco amplio y dentro de un segundo recipiente mayor con agua para hacer un baño maría. Mientras se va calentando, se añade el azúcar y se bate con las varillas eléctricas. Cuando los huevos están bien montados, se continúa batiendo hasta que se enfrían. Es entonces cuando se le añade la harina tamizada y se incorpora con movimientos envolventes para que no se baje la masa.

La masa se vierte en un recipiente untado con mantequilla y espolvoreado con harina, o sobre un papel de hornear si se va a hacer en plancha. Se hornea a 160 ºC el tiempo necesario para que quede cocido. Para saberlo, se hace la prueba del palito: se pincha y si sale limpio es que está cocido. Se desmolda a los pocos minutos, siempre en caliente y se deja en una rejilla metálica.

Se puede hacer más o menos grande, siempre que el peso de la harina más el azúcar sea la mitad del peso de los huevos.

Bizcocho de queso cremoso y vainilla

Este bizcocho está hecho con queso Mascarpone, uno de los quesos cremosos más ricos. La mezcla de la harina con la fécula de patata y el añadido de vainilla ha dado como resultado un bizcocho estupendo, suave, aromático y que casi, casi parece una tarta de queso.

Ingredientes

150 g de harina

50 g de fécula de patata

180 g de azúcar glas

1 sobre de levadura «Royal»

80 ml de aceite de girasol

250 g de queso Mascarpone o queso tipo Filadelfia

50 ml de leche

4 huevos

1 vaina de vainilla

Sal

Unas cucharadas de azúcar y almendra en granillo para el fondo del molde

Preparación

Se prepara un molde de 24 cm forrando la base con papel de horno, se pincela con un poco de aceite de girasol, y se rocía el papel con un poco de azúcar y la almendra en granillo.

Para hacer la masa, se separan las yemas de las claras. Se montan las claras a punto de nieve, y se le añade la mitad del azúcar para formar un merengue firme. Por otro lado se baten las yemas con el resto del azúcar, hasta que la masa se blanquea y hace burbujas.

Se añade el queso, la leche y el aceite, y cuando todo está integrado se añade la harina con la vainilla, la fécula de patata, la levadura y un pellizco de sal. Se sigue batiendo, pero sólo lo necesario para conseguir una masa homogénea; no importa si queda algún grumito. Las claras se incorporan con movimientos envolventes, con cuidado para evitar que se bajen.

Se pone la masa en el molde y se introduce en el horno a 180 °C con calor arriba y abajo. El tiempo depende de cada horno: pasados treinta minutos se pincha con una aguja y si sale limpia es que está bien cocido. Luego se deja templar y se desmolda sobre una rejilla.

Al darle la vuelta, queda cubierto con una costra crocante formada por las almendras tostaditas y el azúcar caramelizado.

Cocadas y sultanas

Estos dos dulces tienen el coco rallado como un ingrediente fundamental; los dos están muy ricos, pero tienen ligeras diferencias.

Ingredientes para las cocadas

3 huevos

250 g de azúcar

250 g de coco rallado

Ingredientes de las sultanas

325 g de azúcar

325 g de clara de huevo

375 g de coco rallado

100 g de harina

La ralladura de 1 limón

Preparación de las cocadas

Se baten los huevos con el azúcar y luego se incorpora el coco rallado. Se pone la masa en una manga pastelera y se dejan pequeñas porciones sobre una bandeja de horno previamente engrasada, o se pone en cápsulas de papel. El horno debe estar fuerte, a 200 ºC con calor arriba y abajo durante unos cinco minutos.

Preparación de las sultanas

Se montan las claras a punto de nieve firme y se incorpora el azúcar poco a poco sin dejar de batir, cuando esté integrada se añade la ralladura de limón, la harina y por último el coco rallado. Hay que hacerlo con cuidado para que no se baje. Con la ayuda de una cuchara, se hacen montoncitos sobre una bandeja de horno engrasada, o se ponen en cápsulas, y ya sólo queda cocer a horno suave, unos 160 ºC, durante unos cinco o siete minutos, cuidando que no se queme. Hay que sacarlas del horno cuando empiecen a dorarse.

Tortas de aceite

Estas tortas son típicas de Castilleja de la Cuesta, un pueblo de Sevilla donde se elaboran desde el siglo XIX. Fueron Inés Rosales y Concepción Cansino las pioneras en la fabricación de estas tortas, que llevaban en canastos para venderlas en Castilleja y en Sevilla, y pronto surgieron algunos obradores dedicados a su elaboración.

Ingredientes

50 ml de aceite de oliva

La piel de ½ limón

1 cucharada de anís en grano

180 g de harina

10 g de levadura de panadero

80 g de agua templada

20 g de anís seco o dulce

1 cucharada de ajonjolí

15 g de azúcar
y un pellizco de sal

Azúcar para la cobertura

Preparación

Se calienta el aceite con la cáscara de limón. Cuando empieza a freír, se aparta y se añade el anís en grano, se quita la piel de limón y se deja enfriar. Cuando el aceite esté frío se añade el anís seco o dulce, la cucharada de ajonjolí, el azúcar y la sal.

Se hace un volcán con la harina tamizada. Se disuelve la levadura en el agua templada y se mezcla con la harina y el resto de ingredientes líquidos. Se amasa suavemente hasta conseguir una masa homogénea y ligera.

Se deja reposar en un lugar cálido hasta que doble el volumen.

Se precalienta el horno a 220 °C, y mientras se hacen las tortas: para ello se cogen pequeñas porciones y se extienden con el rodillo en forma de torta, procurando que queden muy finas, se pasan por azúcar y se hornean. Como otras masas que llevan aceite, es fácil de trabajar y no es necesario poner harina en el mármol para extenderlas, porque la masa no se pega.

Borreguitos

Los borreguitos son unos dulces sencillos y que gustan mucho. Cuando los llevamos a casa de algún amigo, son un éxito seguro. Se hacen con restos de bollería, y para mí fue todo un descubrimiento este picoteo dulce de la Espiga Dorada, una pastelería de Córdoba.

Ingredientes

Varios bollos del día anterior, napolitanas, cruasanes, ensaimadas...

Azúcar glas

Chocolate de cobertura

Un poco de nata

Preparación

Es importante que los bollos sean del día anterior, para poder cortarlos bien.

Se hacen rebanadas finitas con las piezas de bollería y se hornean de nuevo hasta que queden crujientes. Hay que cuidar que no se quemen, porque se hacen enseguida. Es mejor que los bollos sean variados, así cada bocadito tiene un gusto diferente.

Cuando se han enfriado, se ponen sobre una bandeja y se espolvorean con azúcar glass. Se funde el chocolate de cobertura con unas cucharadas de nata y se extiende en forma de hilo sobre los borreguitos.

Pestiños

El pestiño es un dulce de masa frita aromatizada con ajonjolí y canela, típico de Andalucía. Según las zonas es un dulce de Semana Santa o de Navidad... pero la verdad es que está rico en cualquier época del año. Como todas las recetas populares, hay tantas maneras de hacerlos como cocineros. Yo sigo la regla de mi madre: dos vasos de vino y uno de aceite, pero he pesado y medido cuidadosamente los ingredientes para evitar la consabida frase de «harina la que admita».

Ingredientes

250 ml de vino
Fino de Montilla-Moriles

125 ml de aceite de oliva

Cáscara de naranja

50 g de ajonjolí tostado

3 clavos

1 cucharada de canela molida

½ kg de harina de fuerza

½ cucharadita de sal

Aceite de oliva para freír

Azúcar y canela
para rebozar o miel

Preparación

Se fríe una cáscara de naranja en el aceite, para aromatizarlo y luego se deja atemperar un poco. Se muele bien el ajonjolí tostado y los tres clavos, y se mezcla con la harina y la sal. Se hace un volcán con la mayor parte de harina y en el centro se ponen el aceite y el vino, y se amasa bien; luego se va añadiendo el resto de la harina y la canela hasta conseguir una masa suelta y que se trabaje bien. No se puede dar la cantidad exacta de harina, porque cambia de una harina a otra la capacidad de absorber los líquidos.

A mí me gusta hacerlos con forma de lacito, y para ello se hace una pequeña bolita con la masa, se extiende sobre el mármol con un rodillo de pastelería, se le hacen dos rajitas (para hacer bien el lacito) se dobla y se fríe en aceite bien caliente.

Esta masa no se pega en el mármol, de modo que no hay que enharinar para extender. Es importante extenderlos bien finitos, porque al freír la masa engorda un poquito y se queda como hojaldrada.

Cuando están dorados, se pasan a papel de cocina, y todavía calentitos se rebozan en azúcar y canela. O bien se calientan en un cazo cinco cucharadas soperas de miel y una de agua. Cuando está caliente, se pasan los pestiños por esta hidromiel.

Polvorones del Espíritu Santo

He encontrado esta forma de hacer los polvorones en un recetario antiguo familiar, y aparecen con este nombre. El Espíritu Santo fue mi primer colegio, un convento de monjas de La Rambla (Córdoba), mi pueblo...

Ingredientes

½ kg de manteca de cerdo

250 g de almendras ligeramente tostadas

½ kg de azúcar glas

1 kg de harina

Un poco de canela

Un poco de azúcar para espolvorear

Preparación

Se seca la harina en el horno sin que se tueste... se extiende sobre una bandeja y se hornea a temperatura media (unos 150 ºC) durante unos treinta minutos. También se puede secar en la Thermomix... programando media hora, temperatura 100 ºC y velocidad 3, y sin poner el cubilete en la tapadera para que la humedad se evapore bien.

Cuando la harina se ha enfriado, se mezcla bien la manteca con el azúcar, se incorpora la harina, la canela y la almendra tostada y rallada finamente, y se amasa hasta que quedan bien integrados todos los ingredientes.

Se extiende la masa entre dos láminas de film de cocina, dejándola de una altura de un centímetro, se corta del tamaño adecuado con un cortapastas y se pone en una bandeja de horno. Este dulce no crece en el horno, de modo que no hay que dejar demasiado espacio de una a otro.

Se hornean a horno fuerte, unos 200 ºC, durante unos veinte minutos. Cuando se han enfriado se espolvorean con azúcar glas y se envuelven en papel de seda.

Requesón

El requesón es un lácteo que se
obtiene del suero de leche. Al
hervir este suero y someterlo a
altas temperaturas, las proteínas
de la leche que quedan en
el suero se concentran formando
el requesón. En Italia es
muy apreciado y
se conoce como «Ricota».
El requesón tradicional se
produce exclusivamente a
base del suero. Pero hoy día
existen fórmulas para conseguir
requesón a base de una mezcla
determinada de leche
y zumo de limón.
Yo lo hago con el suero que me
queda de hacer el queso de cabra
(■ ver pág. 49).

Ingredientes

Suero de leche

Preparación

Esto más que una receta es una simple información. El suero resultante de hacer el queso todavía tiene proteínas en disolución, albúmina y globulina, y al someterse a un proceso de hervido, se aglutinan formando el requesón.

Por eso simplemente hay que poner el suero a cocer en una olla amplia, y vigilar que no se suba, porque se sigue comportando como la leche; al hervir, aumenta el volumen y se sube, como cuando la leche era de las vacas, y no del tetra brick, y había que cocerla y estar pendiente de esta subida... porque «se iba la leche», como se decía en mi casa.

Una vez que ha hervido, se pasa por un colador fino, y ya tenemos el requesón. Su tiempo de conservación es corto, unas 24 horas.

Con un poquito de miel está buenísimo, un postre delicioso.

Tocino de cielo

Éste es un postre típico de Andalucía, originario de las zonas productoras de vino, como Jerez o Montilla-Moriles. Su historia está ligada al vino y al empleo masivo de claras de huevo usadas para su clarificación, y lógicamente, el excedente de yemas se usaba para preparar postres a base de yemas como éste. Las primeras noticias de este postre se remontan al año 1324, y a las monjas del Convento del Espíritu Santo de Jerez.

Ingredientes

12 yemas de huevo

2 huevos

250 ml de agua

500 g de azúcar

2 cucharadas de azúcar para caramelizar el molde

Preparación

Se prepara un almíbar con el agua y el azúcar, para ello se pone al fuego un cazo con el agua y el azúcar, y se mantiene a fuego medio, hasta obtener un almíbar de media hebra. Se deja enfriar y se reserva.

Con dos cucharadas de azúcar y unas gotas de agua se hace un caramelo en la misma flanera, procurando que quede bien cubierto el fondo y que el caramelo quede rubito. Se deja enfriar y se reserva.

Se baten las yemas y los huevos, y se incorpora el almíbar, batiendo suavemente para que no haga espuma. Esta mezcla se pone en la flanera, pasándola previamente dos veces por un colador para evitar cualquier resto de las claras.

Se pone a cocer al baño maría hasta que esté cuajado. Yo lo pongo con la flanera herméticamente cerrada dentro de la olla a presión, y lo mantengo veinte minutos con la olla echando vapor.

Si el baño maría se hace al horno, no es necesario el uso de una flanera hermética y hay que aumentar el tiempo de cocción, que sería de cincuenta a sesenta minutos. En este caso hay que comprobar que el tocinillo está cuajado, pinchando una aguja; si sale limpia es que está listo.

Se deja enfriar cubierto con un paño de cocina mojado. Una vez frío, se pasa al frigorífico hasta el momento de servirlo. Como todos los flanes, es mejor hacerlo de un día para otro.

Gominolas

Ésta es de esas recetas que hicieron furor en el foro MundoRecetas. Gracias a las grandes cocineras de este foro aprendí a hacer las gominolas y muchas otras cosas. Es genial llevar a una fiesta una bandeja de gominolas caseras; sorprenden a todos.

Ingredientes

1 sobre de gelatina de sabor

2 sobres de gelatina neutra

Agua o zumo o leche: el doble de volumen que de gelatina de sabor

Azúcar: el triple de volumen que de gelatina de sabor, y algo más para el acabado final

Aceite de girasol para pincelar los moldes

Preparación

Se ponen los ingredientes en un cazo a fuego suave, procurando que no hierva, y moviendo durante unos diez minutos.

Se pincelan con aceite de girasol moldes pequeños de silicona, o cubiteras, y se vierte la mezcla de gelatinas dentro, se deja enfriar y a las doce horas se desmolda, se pasa por azúcar y listo.

También se puede pincelar con aceite una fuente o una placa de horno, y luego se corta con cortapastas y se pasa por el azúcar.

Trufas al ron

La trufa de chocolate es un dulce con aspecto y sabor similar al bombón, pero elaborado de manera diferente. Se trata de una mezcla cremosa de chocolate, mantequilla y nata, y se pueden condimentar con diferentes licores, frutas o especias.

Ingredientes

200 g de chocolate

250 ml de nata líquida

50 g de mantequilla en pomada

20 ml de ron

Cacao en polvo o fideos de chocolate para rebozar

Preparación

Se trocea el chocolate y se pone en un bol grande. Se calienta la nata y cuando empieza a hervir, se vierte sobre el chocolate y se bate enérgicamente para conseguir una mezcla homogénea. Luego se incorpora la mantequilla y el ron, y se mezcla todo bien.

Se deja enfriar a temperatura ambiente antes de meter el bol en el frigorífico. Cuando la mezcla está bien firme, después de unas horas al frío, se hacen pequeñas bolas con la ayuda de unas cucharillas, se rebozan en cacao o fideos de chocolate y se presentan en cápsulas.

Se guardan en el frigorífico hasta la hora de servir.

Tarta de tres chocolates

Esta tarta surgió de la colaboración de varios «artistas» en el foro de MundoRecetas y es una tarta vistosa, fácil de hacer y sobre todo muy rica. Ésta es mi versión modificada: he suprimido el azúcar de las recetas originales y he añadido más chocolate.

Ingredientes

250 g de chocolate negro (una tableta de «Nestlé postres»)

250 g de chococolate con leche (dos tabletas de «Nestlé con leche»)

250 g de chocolate blanco (tres tabletas de chocolate blanco)

600 ml de nata

600 ml de leche

3 sobres de cuajada

Para la base:
1 paquete de galletas maría y un poco de mantequilla o una base de bizcocho genovés

Preparación

En primer lugar se prepara la base: se trituran las galletas con la mantequilla troceada. Se vierte sobre un molde desmontable, esparciéndola muy bien por toda su base, y se mete en el horno unos minutos para que se ponga durita y crujiente. O bien se cubre el fondo de una tartera desmoldable con un aro de bizcocho genovés (■ver pág. 149).

Elaboración en Thermomix - 21:

Se pone en el vaso el chocolate negro, 200 ml de leche, 200 ml de nata y un sobre de cuajada, y se programa siete minutos, 90 °C, velocidad 5. Seguidamente se vuelca sobre la base de galleta.

A continuación se pone el chocolate con leche, 200 ml de leche, 200 ml de nata y un sobre de cuajada, todo siete minutos, 90 °C, velocidad 5. Una vez terminado el tiempo, se vierte sobre la capa de chocolate negro. Para evitar que se haga un agujero sobre la mezcla anterior, se rompe la cascada dejando caer el líquido sobre una cuchara.

Por último, se lava el vaso y se pone el chocolate blanco, 200 ml de leche, 200 ml de nata y un sobre de cuajada, todo siete minutos, 90 °C, velocidad 5. Y se vierte sobre las capas anteriores.

Luego se deja cuajar, sin moverlo del sitio, y finalmente se guarda en frío, hasta el día siguiente. ▶

Elaboración tradicional:

La tarta está hecha en Thermomix, pero se puede hacer también a fuego suave, empleando los mismos tiempos: se pone la leche y la nata a calentar, se añade el chocolate negro troceado y cuando está disuelto se añade la cuajada... Se deja a fuego suave moviendo sin parar durante siete minutos, procurando que no hierva. Seguidamente se vierte sobre la base de galleta o bizcocho.

A continuación se hace lo mismo con el chocolate con leche y cuando ha terminado el tiempo de fuego, se vierte sobre el negro. Para evitar que se haga un agujero sobre la mezcla anterior, se rompe la cascada dejando caer el líquido sobre una cuchara.

Y después se hace lo mismo con el chocolate blanco.

Es aconsejable seguir las instrucciones del fabricante de cuajada. En caso de no encontrar cuajada, se puede sustituir por flan tipo «Royal».

Para hacer las hojas de chocolate se funde al baño maría 100 g de chocolate de cobertura, y se pincelan unas hojas de naranjo o limonero por la parte de los nervios. Se colocan en una bandeja y se dejan enfriar. Cuando está duro se vuelve a dar otra capa de chocolate. A la hora de desmoldar y presentar la tarta, se retira la hoja de limonero y queda el chocolate así de bonito.

Para la decoración viene bien cualquier adorno de chocolate, como bolitas de tres chocolates o simplemente rociar cacao puro sobre una plantilla con algún dibujo.

También se puede cuajar en copas individuales, que permiten apreciar con nitidez las tres capas de chocolate.

Tarta de queso con Mascarpone

Es la mejor tarta de queso que conozco. Es un postre tan rico, que no necesita más presentación.

Ingredientes

1 tarrina
de queso tipo Filadelfia

1 tarrina
de queso Mascarpone

200 ml de nata

8 cucharadas de azúcar

3 huevos

1 vasito de leche

1 cucharada de maizena

Ralladura de limón

Para la base:
1 paquete de galletas
maría y un poco
de mantequilla

Preparación

Se trituran las galletas con la mantequilla y se cubre con ellas la base de un molde desmoldable. Se mete en el horno unos minutos para que se compacte.

Mientras tanto se mezclan bien con la batidora todos los demás ingredientes, y se ponen sobre la base de galletas. Se hornean a horno suave (180 °C) el tiempo necesario para que quede cuajada. Se puede pinchar con una aguja o cuchillo, y cuando sale limpio, es el momento de sacar la tarta del horno. El tiempo puede variar de un horno a otro; en el mío es suficiente con una media hora, por eso lo mejor es vigilar y comprobar cuándo se ha cuajado.

Se desmolda en frío y se puede servir cubierto de alguna mermelada, aunque también está muy rica sola. En esta ocasión va cubierta con confitura de frambuesa.

Licor de café

Preparación

En un recipiente se pone a macerar el aguardiente con el café bien molido, se tapa y se deja reposar durante unas 24 horas (yo utilizo la olla a presión por su tamaño y por su cierre hermético). Pasado el tiempo de reposo, se hace un almíbar con el litro de agua y el kilo de azúcar: se pone al fuego y se tiene hirviendo unos cinco minutos. Cuando se ha enfriado, se añade a la preparación anterior y ya está listo para filtrarse.

Es importante elegir un buen aguardiente... A mí me gusta La Cordobesa, de Rute, pero se puede hacer con cualquier aguardiente seco.

Yo utilizo los filtros de papel de las cafeteras, que se pueden poner directamente sobre un embudo o sobre la parte superior de una cafetera de filtro. Una vez filtrado, ya está listo para tomar.

Este licor siempre se ha hecho en casa... la fórmula no sé hasta cuándo se remonta. Yo lo preparo como lo hacía mi madre y también mi abuela. Se toma bien en cualquier momento del día y quizás por eso se ofrecía siempre que alguien venía a casa: ¿quieres una copa de licor?... No había que especificar que se trataba de licor de café.

Ingredientes

½ kg de café tueste natural bien molido

2 l de aguardiente seco

Almíbar:

1 l de agua

1 kg de azúcar

Tarta de fresones y gelatina de cava

Éste es un postre rápido, muy rico... y así de bonito. Se pueden sustituir los fresones por cualquier otra fruta roja.

Ingredientes

½ l de cava seco

4 cucharadas de azúcar

½ kg de fresones de Huelva

1 sobre de gelatina «Royal»

Preparación

Se prepara la gelatina con el cava siguiendo las instrucciones del fabricante: se pone en un bol una tacita de cava bien frío con la gelatina, se mueve con varillas hasta que se disuelva bien y se reserva. Mientras se pone al fuego el resto del cava con el azúcar. Cuando empieza a hervir, se añade al bol reservado, y se mueve todo bien, para que la gelatina quede perfectamente disuelta en el cava.

Para montar el postre, se comienza por lavar y secar bien los fresones y cortar las hojitas verdes. En el molde donde se va a cuajar se pone en el fondo medio centímetro de la gelatina templada, y se mete en el frigorífico unos diez o quince minutos para que se cuaje.

Cuando la gelatina ha cogido cuerpo, se colocan los fresones ordenadamente y a continuación se añade un poco más de gelatina hasta dejar la fruta casi cubierta. Se vuelve a poner en el frigorífico hasta que cuaje. Por último se añade el resto de gelatina, para que deje perfectamente cubiertas las fresas y se reserva en frío de un día para otro.

Este postre se puede hacer con cualquier fruta, y si es pequeña se pueden poner varias capas; en este caso como los fresones son grandotes sólo puse una. El sabor del cava combina muy bien con las fresas, y la gelatina trasparente hace que se vean las fresas así de bonitas.

Tarta de gelatina de leche con frambuesas

Para la cobertura de esta tarta he elegido la frambuesa; su frescura y acidez contrasta de maravilla con el dulce de la gelatina de leche, y además queda así de bonita.

Ingredientes

1 base de bizcocho genovés (■ver pág. 149) o de galletas trituradas con mantequilla

Para la gelatina de leche:

1 lata de leche condensada «La Lechera» (397 g)

1 lata de leche evaporada «Ideal» (373 ml)

1 paquete de queso crema (250 g)

6 láminas de gelatina neutra

Para la cobertura de frambuesas:

1 paquetito de frambuesas

70 g de azúcar

70 g de agua

70 g de vino blanco dulce de moscatel

3 láminas de gelatina neutra

Preparación

En un molde de tartas desmoldable (24 cm) se pone en el fondo la base de bizcocho o de galletas trituradas, sellando bien los bordes para evitar fugas.

Se hidratan las láminas de gelatina en un vaso de agua fría, mientras en un cazo se calienta la leche evaporada junto con la leche condensada y el queso, y se bate bien con unas varillas. Cuando está bien caliente, y con el fuego muy suave, se añade la gelatina hidratada, y se bate un poco más para que quede bien disuelta, procurando que no llegue a hervir en ningún momento. Así en caliente, se vierte sobre la base de bizcocho, y se deja enfriar antes de meterla en el frigorífico. Tiene que estar bien cuajada antes de poner la capa siguiente.

Se pone a hidratar la gelatina en agua fría. En un cazo se calienta el azúcar y el agua, y se deja hervir unos minutos, para obtener un almíbar ligero. Se retira del fuego y se añade el vino y la gelatina, removiendo hasta su completa disolución. Se colocan las frambuesas ordenadamente sobre la tarta, y cuando la gelatina ha templado, se vierte con delicadeza sobre la fruta. Por último se deja cuajar en el frigorífico al menos durante otra hora.

Brazo de gitano

Éste es un postre especialmente rico y recomendado para aquellas personas a las que les gustan los dulces tradicionales. La suave crema con la que está relleno el brazo es lo más característico de este postre.

Ingredientes

1 bizcocho genovés

Para el almíbar:

50 g de ron

3 cucharadas de agua

50 g de azúcar

Para la crema:

4 yemas y 1 huevo entero

¼ l de nata

¼ l de leche

150 g de azúcar

1 palo de canela

La cáscara de 1 limón

40 g de maizena

Azúcar glas

Preparación

Se prepara un bizcocho genovés (■ver pág. 149) y cuando se saca del horno se enrolla sobre papel de horno o papel de aluminio y se reserva.

Mientras tanto se prepara la crema pastelera: se pone a calentar la nata y la leche (menos un vasito) con el palo de canela, la cáscara de limón y el azúcar. En el vasito de leche fría que se ha reservado, se disuelve la maizena. Cuando la leche empieza a hervir, se retira la canela y la cáscara de limón, se añaden las yemas y el huevo y se bate enérgicamente. Se incorpora la maizena disuelta en la leche y se vuelve a poner a fuego lento, procurando que no llegue a hervir y batiendo hasta conseguir el espesor deseado.

Por otro lado, en un cazo se ponen al fuego los ingredientes del almíbar y se llevan a ebullición.

Para montar el brazo de gitano, se desenrolla el bizcocho, se pincela con el almíbar y se extiende la crema sobre la plancha de bizcocho, dejando libres los bordes. Luego se enrolla y se deja enfriar un par de horas. Se cortan los extremos para que quede bonito y se espolvorea con azúcar glas.

Tarta de manzana

*No hay postre más simple
y más rico que una clásica
tarta de manzana...
Las manzanas ácidas son
las más adecuadas para este
tipo de tarta, porque hacen
contraste con los tonos
dulces del azúcar.*

Ingredientes

Base de masa quebrada

Para el relleno:

4 yemas y 1 huevo entero

250 ml de nata

250 ml de leche

150 g de azúcar

1 palo de canela

La cáscara de 1 limón

40 g de maizena

Para la cobertura:

4 ó 5 manzanas reineta
peladas y fileteadas

Las pieles y los corazones
de las manzanas

Unas cucharadas de azúcar

El zumo de 1 limón

1 vaso de agua

Preparación

Para preparar la base se hace siguiendo las instrucciones que expliqué en la Quiche Lorraine (■ver pág. 55).

Para hacer la crema se pone a calentar la nata y la leche (menos un vasito) con el palo de canela, la cáscara de limón y el azúcar. En el vasito de leche fría que se ha reservado, se disuelve la maizena. Cuando la leche empieza a hervir, se retira la canela y la cáscara de limón, se añaden las yemas y se bate enérgicamente. Se incorpora la maizena disuelta en la leche y se vuelve a poner a fuego lento, procurando que no llegue a hervir y batiendo hasta conseguir el espesor deseado.

Se deja enfriar un poco la crema y luego con ella se rellena la base que ya está preparada, y se colocan las láminas de manzana de modo que quede toda la superficie cubierta. Se introduce en el horno caliente, a 180 ºC y calor arriba y abajo hasta que las manzanas estén doradas y cocidas.

Para terminar se prepara una semijalea: se pone a calentar un cazo con un vaso de agua, las pieles y los corazones de las manzanas y azúcar al gusto, y se deja cocer durante unos minutos. Se retira del fuego, se añade el zumo de limón, y se pasa por un colador. Con este jugo se pincela la tarta cuando está aún caliente.

No necesita nada más, pero si se quiere dar un toque de color se le pueden poner unas guindas.

Empanada dulce de almendras

Ingredientes

120 g de almendra

120 g de azúcar

90 g de mantequilla blandita

1 cucharadita de esencia de vainilla líquida

2 huevos pequeños

15 g de maizena

2 planchas de hojaldre

Unas almendras en granillo o fileteadas

1 cucharada de azúcar moreno

Un poco de azúcar glas para decorar

Preparación

En primer lugar se prepara la crema de almendra, y para ello se muele el azúcar con la almendra con lo que se tenga en casa, un robot o un molinillo. Se añade la mantequilla en pomada, y cuando está bien mezclado todo, se añade un huevo batido, la maizena y la vainilla. El otro huevo se reserva para sellar y para pintar la empanada.

Yo he usado un hojaldre que ya viene estirado, pero si no es así, se extiende la masa de hojaldre sobre una superficie ligeramente enharinada, se pincha toda la superficie con un tenedor y se pone sobre ella la crema de almendras, bien repartida, dejando sin crema un borde de unos dos centímetros.

Se humedece el borde que ha quedado sin crema con agua o con huevo batido, se cubre con la otra plancha de hojaldre también extendida y picada con el tenedor, y se sellan las dos planchas pasando un cortapastas por el borde. La presión del cortapastas es suficiente para sellarlas. Se pinta la superficie con huevo, se pone almendra en granillo bien repartida y se espolvorea con un poco de azúcar moreno.

Se mete en el horno calentado a 200 ºC y se deja durante una media hora, o el tiempo necesario para que el hojaldre quede cocido y se vea con un bonito color dorado.

El azúcar y la almendra que se pone en la superficie hace que quede una costra crocante y crujiente, y para conseguir un aspecto nevado, cuando se ha enfriado se puede espolvorear con azúcar glas.

Su opinión es importante.
En futuras ediciones, estaremos encantados
de recoger sus comentarios sobre este libro.

Por favor, háganoslas llegar a través de nuestra web:

www.plataformaeditorial.com